D'Alisa

BEARTAN BRISTE

BURSTBROKEN JUDGEMENTSHROUDLOOMDEEDS

Nár laga Dia do lámh

BY RODY GORMAN

(beidh sé ag teastáil uait i gcóir na haiku...)

CAPE BRETON UNIVERSITY PRESS
SYDNEY, NS

Rody

Cape Breton University Press recognizes the support of the Province of Nova Scotia, through the Department of Tourism, Culture and Heritage and the support received for its publishing program from the Canada Council's Block Grants Program. We are pleased to work in partnership with these bodies to develop and promote our cultural resources.

NOVA SCOTIA
Tourism, Culture and Heritage

Canada Council   Conseil des Arts
for the Arts   du Canada

Cover design by Cathy MacLean Design, Glace Bay, NS
Cover Image: *Fish Story*, mixed media, by Taiya Barss
Layout by Gail Jones, Sydney, NS
First printed in Canada

Content printed on 100% recycled postconsumer fibre, Certified EcoLogo and processed chlorine free, manufactured using biogas energy.

Library and Archives Canada Cataloguing in Publication

Gorman, Rody, 1960-
    Beartan briste agus dàin ghàidhlig eile = burstbroken judgementshroudloomdeeds : and other Gaelic poems / Rody Gorman.

Poems.
Gaelic poems with English translation on facing pages.
ISBN 978-1-897009-61-1

    I. Title. II. Title: Burstbroken judgementshroudloomdeeds.

PB1399.G67B42 2011   891.6'2143   C2011-901832-2

Cape Breton University Press
PO Box 5300
1250 Grand Lake Road
Sydney, NS B1P 6L2 CA
www.cbupress.ca

BEARTAN BRISTE
BURSTBROKEN JUDGEMENTSHROUDLOOMDEEDS
BY RODY GORMAN

Clàr-Ìnnse / Contents

Eile / Poems

BURSTBROKEN JUDGEMENTSHROUDLOOMDEEDS

Buidheachas/Acknowledgements

Nochd feadhainn de na dàin sa chrunneachadh seo anns
na foillseachaidhean a leanas/Versions of poems in this
collection appeared in the following publications:
*An Lár; Comhar; Cork Literary Review; Departures and
Arrivals* (PEN na h-Alba, 2009); *Edinburgh Review; Electric
Acorn; Feasta; Féile Filíochta; Fras; Gath; Haiku Scotland;
Headshook* (Scotland on Sunday, 2009); *Northwords Now;
Poetry Scotland; West 47;* www.strokestownpoetry.org; www.
wigtownbookfestival.com

Foreword

So here we have a collection of Scottish Gaelic poetry,
written by a Dubliner living in Skye, and published in
Cape Breton. At first glance, perhaps just an accident of
globalization, the result of the startlingly shrunken world
of the early 21st century. Yet, from a Gaelic perspective,
nothing could be more natural and less surprising than this
particular marriage.

The MacMhuirichs, Gaelic Scotland's greatest literary
dynasty, trace their origins to the early 13th-century poet
Muireadhach Albannach—Scottish Murray—who, despite his
name, was a native of Ireland. He was one of a number of
poets who crossed the Sea of Moyle—Sruth na Maoile in both
Scottish Gaelic and Irish—some natives of Scotland, some
of Ireland, receiving instruction in bardic schools which
existed in both countries, or toiling in the service of the chief
of a Scottish or an Irish clan—or in some cases, such as the
MacDonnells of Antrim, a Scottish *and* Irish one.

By the time that Muireadhach had made his journey, Scottish
Gaelic, generally understood to have been brought across the
same sea by other natives of Ireland several centuries earlier,
had already forged its own distinctive linguistic identity.
However, Muireadhach was trained to compose in a form
of the language, now known as Common Classical Gaelic,
which was shared by the learned and aristocratic orders of
the Gaelic societies of medieval Ireland and Scotland. This
form of Gaelic, a literary dialect apparently developed in
the late 12th century in the professional bardic schools as
a result of a "medieval exercise in language planning," was
distinct from the vernaculars of the two countries. Men
such as Muireadhach received several years of training,
learning not only the language itself, but also literature,
history, genealogy and, crucially, the complex metres to

　　　BURSTBROKEN JUDGEMENTSHROUDLOOMDEEDS

Ro-ràdh

'S e na tha againn an seo cruinneachadh de bhàrdachd Ghàidhlig, rinneadh le fear à Baile Àtha Cliath a tha a-nis a' fuireach san Eilean Sgitheanach, agus air fhoillseachadh ann an Ceap Breatainn. Math dh'fhaodte gur e dìreach an seòrsa co-thuiteamais a thig an lùib cùrsa dlùthachadh na cruinne a tha seo, toradh de shaoghal iongantach na h-aona linne air fhichead, saoghal a tha a' sìor-fhàs nas lugha. Ach, bho shealladh Gàidhealach, cha bhiodh sìon sam bith na bu nàdarraiche agus na b' àbhaistiche na am pòsadh seo.

B' e Muireadhach Albannach prìomh-athair Cloinn 'IcMhuirich, an teaghlach a bu chudromaiche ann an eachdraidh litreachas na Gàidhlig. A dh'aindeoin ainm an duine, b' e Èireannach a bha ann. Rinn iomadach bàrd Gàidhlig an aon thuras thar Sruth na Maoile a rinn esan— cuid dhiubh nan Èireannaich, cuid nan Albannaich, ach iad uile a' faighinn trèanadh anns na sgoiltean bàrdail a bha ri fhaotainn anns an dà dhùthaich, no ag obair ann an seirbheis ceann-feadhna fine Èireannaich, no Albannaich, no uairean, leithid Dòmhnallaich nan Gleann, fine Èireannaich *agus* Albannaich.

Thathas am beachd gun tugadh a' Ghàidhlig do dh'Alba thar an aon shruth le Èireannaich eile, iomadh linn mus do rinn Muireadhach Albannach a thuras-cuain, agus nuair a ràinig esan Alba, bha a' Ghàidhlig na cànan fa leth seach na dual-chainnt. Chaidh Muireadhach a thrèanadh, ge-tà, ann an seòrsa Gàidhlig, a' Ghàidhlig Chlasaigeach Chumanta, a bha air a cleachdadh le uaislean agus le daoine foghlaimte nam fineachan Gàidhealach an dà chuid ann an Èirinn agus ann an Alba. Bha an seòrsa sònraichte Gàidhlige seo—dual-chainnt litreachail a chruthaicheadh anmoch san dàrna linn dheug anns na sgoiltean bàrdail proifiseanta mar thoradh air 'iomairt nam meadhan-aoisean ann am planadh-cànain'—air leth bhon ghnàth-chainnt làitheil an dà dhùthcha. Fhuair leithid Mhuireadhaich grunn bhliadhnaichean de thrèanadh, chan ann a-mhàin sa chànain shònraichte fhèin, ach cuideachd ann an litreachas, eachdraidh, sloinntearachd agus, gu deatamach, anns a' mheadrachd thoinnte a dh'fheumadh na bàird ealanta seo a leantainn gu dlùth sa

which skilled poets were expected to adhere strictly. While they composed on a range of subjects, the poets' principal function was to produce poetry for aristocratic patrons, particularly panegyric verse to celebrate major events in the life of the noble family.

With the Flight of the Earls in 1607—the forced exile of important Gaelic noble families such as the O'Neills following their defeat at the hands of the English—the old Gaelic aristocratic order in Ireland was broken. The plantation of Ulster with Protestant settlers, primarily from Lowland Scotland and England, in the years that followed the flight drove a wedge between Gaelic Ireland and Scotland. The Gaelic aristocratic order struggled on in Scotland for another century, but with the defeat of the Jacobite forces at Culloden in 1746, it too soon disappeared. In spite of these political and cultural setbacks, a vigorous poetic tradition in the Gaelic vernaculars had already developed, and in 18th-century Scotland, it flourished.

No longer the preserve of a literate, aristocratic—and overwhelmingly male—order, new themes, styles and voices became evident, not least the rich waulking song tradition, unique to Gaelic Scotland, which is kept alive still by Gaelic singers in Cape Breton. However, praise poetry remained central, at least until the final destruction of the old order after Culloden, and even thereafter its conventions exerted a strong influence. The vernacular poetry was meant to be sung, and although not as rigorous as the rules under which the poets of the Classical period worked, Scottish Gaelic poets still composed within the parameters of the metres suggested by the airs, and were influenced by certain stylistic aspects of the Classical tradition. Although anthologies of vernacular Gaelic poetry begin to be published from the mid 18th century, much of this poetry was transmitted in the taigh-cèilidh, the "cèilidh-house," the traditional centre of Gaelic

bhàrdachd aca. Ged a dhèanadh iad bàrdachd air caochladh chuspairean, b' e a' phrìomh-dhleasnas aca bàrdachd a dhèanamh airson an luchd-taice uasail aca, gu h-àraidh bàrdachd-mholaidh a chuimhnicheadh na tachartasan a bu chudromaiche ann am beatha na fine.

Le Teicheadh nan Iarla ann an 1607—fògairt fineachan Gàidhealach cudromach na h-Èireann leithid nan Niallach às dèidh an call an aghaidh nan Sasannach—chaidh an t-seann riaghailt uasal Ghàidhealach a bhriseadh ann an Èirinn. Rinneadh sgaradh eadar Gàidheil na h-Èireann agus na h-Alba anns na bliadhnaichean às dèidh seo le poileasaidh Riaghaltas Bhreatainn talamh Ulaidh a thoirt do luchd-tuineachaidh Pròstanach bho Ghalltachd na h-Alba agus bho Shasainn. Chùm uaislean Gàidhealach na h-Alba orra le èiginn fad linne eile, ach le call an Arm Sheumasaich aig Cùil Lodair ann an 1746, chaidh an t-seann riaghailt uasal Ghàidhealach à sealladh ann an Alba cuideachd. A dh' aindeoin nam buille poilitigeach agus cultarach seo, bha dualchas beothail bàrdail anns a' Ghàidhlig ghnàthasaich air nochdadh mu thràth, agus anns an ochdamh linn deug ann an Gàidhealtachd na h-Alba, bha an dualchas seo cianail làidir.

Cha b' ann a-nis dìreach ann an làmhan uaislean litearra—agus gu ìre mhòir, mhòir fearail—a bha an dualchas bàrdail, agus thàinig am bàrr cuspairean, nòsan agus guthan ùra, leithid dualchas luachmhor nan òran luaidh, dualchas a tha gun samhail ann an cultar Gàidhealach na h-Èireann, agus dualchas a tha fhathast beò am measg seinneadairean Gàidhlig Cheap Breatainn. A dh'aindeoin seo, ge-tà, bha bàrdachd-mholaidh fhathast aig teis-meadhan an dualchais, co-dhiù gu sgrios deireannach na seann riaghailte às dèidh Chùil Lodair, agus fiù 's às dèidh sin, thug gnàthasan an t-seann dualchais bhàrdail buaidh làidir air bàrdachd Ghàidhlig. Gu ìre mhòir, sheinneadh a' bhàrdachd Ghàidhlig, agus ged nach robh na riaghailtean bàrdail cho teann ris an fheadhainn a dh'fheumadh bàird linn bàrdachd na Gàidhlig Clasaigich, Cumanta a chleachdadh, dh'fheumadh na bàird Ghàidhlig fhathast a chumail ri meadrachd nam fonn air an robh a' bhàrdachd stèidhichte, agus bha iad cuideachd fhathast fo bhuaidh cuid dhe na modhan a thàinig bhon

social and cultural life, where neighbours met to exchange news and gossip, as well as songs—including the sort of song poetry considered here, for there was no sharp distinction between "song" and "poetry" until relatively recently—local history, genealogy and stories.

About six centuries after Muireadhach Albannach fled to Scotland, descendants of these same MacMhuirichs—now bearing the anglicized surname Currie, but still composing poetry—relocated to Cape Breton, part of the great exodus of the late 18th and early 19th centuries from the Highlands and Islands of Scotland to PEI, the eastern mainland of Nova Scotia and Cape Breton, an exodus that left an indelible Gaelic stamp on this part of the new world that is still evident today. These emigrants brought with them the culture of the *taigh-cèilidh*—a huge and rich storehouse of song-poetry as well as other oral traditions—and new world Gaelic poets carried on energetically the vernacular Gaelic poetic tradition, albeit in ways appropriate to the much different social setting of the new environment and context.

In the 19th and 20th centuries, Gaelic communities on both sides of the Atlantic experienced massive changes, and not many of these were for the better, particularly in terms of the survival of the language. Gaelic poets responded with energy, and their work continues to offer us insights into the human experience, as seen from the rich diversity of Gaelic perspectives, and also no small amount of pleasure in their artistry. The increasing integration of these communities into powerful, English dominant societies left its mark on the poetry, not only in terms of theme, but also in terms of styles, language and context for transmission.

In the 20th century, in particular, these changes were dramatic. Certainly, outstanding poetry, traditional in style but contemporary in subject matter, continued to be

dualchas Chlasaigeach. Ged a nochd cruinneachaidhean de
bhàrdachd Ghàidhlig ann an leabhraichean bho mheadhan
na h-ochdamh linne deug, chaidh mòran dhen bhàrdachd
seo a chraobh-sgaoileadh anns a' chiad dol-a-mach ann
an *taighean-cèilidh*—ionad dualchasach beatha cultarach
agus sòisealta nan Gàidheil, far an tàinig coimhearsnaich
còmhla gus naidheachdan agus fothail a chluinntinn, cho
math ri òrain—nam measg an seòrsa bàrdachd air a bheil
sinn a-mach an seo, oir mar a chuireadh an cèill mu thràth,
cha robh sgaradh mòr eadar "bàrdachd" agus "òran" gus
bho chionna goirid—eachdraidh ionadail, sloinntearachd,
sgeulachdan, agus beul-aithris eile.

Mu sia linn às dèidh imeachd Mhuireadhaich Albannaich
a dh'Alba, dh' imich sìol an dearbh teaghlaich seo—a-nis
fon ainm Bheurla "Currie," ach fhathast ri bàrdachd—a
Cheap Breatainn, mar phàirt dhen eilthireachd mhòir bho
Ghàidhealtachd na h-Alba a thàinig gu Eilean Eòin, taobh an
ear tìr-mòr Alba Nuaidh, agus Ceap Breatainn aig deireadh
na h-ochdamh linne deug agus toiseach na naoidheamh linne
deug, eilthireachd a dh' fhàg buaidh nach gabh suathadh
às anns a' cheàrnaidh seo dhen t-saoghal ùr, buaidh a tha
ri fhaicinn gus an latha an-diugh. Thug na h-eilthirich seo
leotha cultar an taigh-cèilidh—stòras mòr òran, bàrdachd,
agus beul-aithris—agus bha bàird an t-saoghail ùir gu math
dealasach ann a bhith a' cumail beò dualchas na bàrdachd
Gàidhlig, ach ann an dòighean a bha freagarrach dhan
t-suidheachadh shòisealta a thàinig an lùib na h-àrainneachd
ùire agus a' cho-theacs ùir.

San naoidheamh linn deug agus san fhicheadamh linn,
thàinig atharrachaidhean mòra air coimhearsnachdan
Gàidhlig air gach taobh dhen Chuan Shiar, agus cha tàinig
mòran bhuannachdan nan lùib, gu h-àraidh a thaobh maith
na cànain. Bha seo na phiobrachadh do bhàird Ghàidhlig,
agus tha an t-saothair aca fhathast na h-uinneig air
inntinn agus cridhe daonna, tro chaochladh sheallaidhean
brìoghmhor Gàidhealach, agus na h-adhbhar tlachd is
toil-inntinn dhan leughadair agus dhan neach-èisteachd.
Thug saoghal na Beurla, a bha a' sìor-iathadh mun cuairt
air coimhearsnachdan Gàidhlig, buaidh nach bu bheag air
a' bhàrdachd, chan ann a thaobh chuspairean a-mhàin,

produced. But a brilliant generation also emerged. Mostly native speakers from the Gaelic Hebridean heartlands, deeply immersed in the rich Gaelic tradition, but fully bilingual, educated in the great universities as well as in the taigh-cèilidh, these poets, many of whom were employed as scholars — Derick Thomson, Donald MacAulay, George Campbell Hay, Iain Crichton Smith and, of course, Sorley Maclean — produced a nua-bhàrdachd, a "new poetry," which drew on, but moved dramatically away from traditional patterns. They were followed by another generation — or perhaps two generations — whose poetry continued to have an impact well beyond Gaeldom; one thinks of Aonghas MacNeacail, Maoilios Caimbeul, Mòrag NicGumaraid, Màiri NicGumaraid, Aonghas Pàdraig Caimbeul and Anna Frater, among others.

—

We don't know precisely how many of Scotland's roughly 60,000 Gaelic-speakers speakers identified in the 2001 census are learners, but their numbers seem to be growing, and they have also emerged as important contributors to the vibrant contemporary scene. One thinks of Fearghas MacFhionnlaigh, Julian Ronay, Crìsdean Whyte, Meg Bateman and, of course, Rody Gorman. These poets have enriched the tradition in many ways; though not raised through the language and not immersed in the Gaelic oral tradition in the same way as the other poets mentioned here, they bring startlingly new perspectives, deep literary sensitivities informed by the Gaelic and other traditions, and a unique sort of passion that comes from having learned, and chosen to express themselves in, a minoritized language that has not always been valued by non-speakers.

Like much contemporary Gaelic poetry, Rody's is meant to be read, primarily though not necessarily exclusively in the

ach cuideachd a thaobh stoidhlichean, briathrachais, agus mhodhan-taisbeanaidh.

San fhicheadamh linn, gu sònraichte, bha na h-atharrachaidhean seo iongantach. Gun teagamh sam bith, bha bàird fhathast a' dèanamh bàrdachd bharraichte ann an stoidhle seann-nòsaich ach mu chuspairean ceangailte ri beatha cho-aimsireil agus tachartasan na ficheadamh linne. Ach thàinig am bàrr cuideachd ginealach ùr a bha air leth comasach. Gu ìre mhòir, nan Gàidheil bho dhùthchas à "cridhe na Gàidhealtachd" anns na h-eileanan, air bogadh gu domhainn anns an dualchas bheairteach Ghàidhlig, ach cuideachd gu buileach dà-chànanach, foghlaimte anns na h-oilthighean mòra cho math ri anns an taigh-cèilidh, rinn na bàird seo, agus mòran dhiubh—Ruairidh MacThòmais, Dòmhnall MacAmhlaigh, Deòrsa mac Iain Dheòrsa, Iain Mac a' Ghobhainn, agus, gun teagamh, Somhairle MacGill-Eain—a' saothrachadh ann an obraichean sgoilearail, nua-bhàrdachd a chleachd seann-nòsan, ach aig a' cheart àm a ghluais fada air falbh bhuapa. Thàinig ginealach eile as an dèidh—no math dh' fhaodte dà ghinealach—a choisinn cliù fada is farsaing: bàird leithid Aonghais MhicNeacail, Mhaoileis Chaimbeul, Mòraig NicGumaraid, Màiri NicGumaraid, Aonghais Phàdraig Chaimbeul, agus Anna Frater, a-m measg feadhainn eile.

Chan eil fhios againn le cinnt cia meud luchd-labhairt na Gàidhlig—bha cha bu mhòr 60,000 dhiubh ann an 2001—nach do dh' ionnsaich a' chànan aig glùn am màthar, ach is coltach gu bheil an àireamh dhiubh sin a' sìor-fhàs, agus tha iad air mòran a chur ri ath-nuadhachadh na bàrdachd Gàidhlig. Dh'fhaodamaid ainmeachadh Fearghas MacFhionnlaigh, Julian Ronay, Crìsdean Whyte, Meg Bateman agus, gun teagamh, Rody Gorman. Tha na bàird seo air an dualchas a neartachadh ann an iomadach dòigh; ged nach do thogadh iad leis a' chànain agus ged nach robh iad air am bogadh ann an dualchas beul-aithriseach anns an aon dòigh is a bha na bàird eile a chaidh ainmeachadh an-seo, tha iad a' toirt dhan bhàrdachd aca tuigsean ùra dùbhlanach, mothachadh domhainn air litreachas a chaidh fhiosrachadh le eòlas air litreachas na Gàidhlig agus air litreachasan eile, agus an dìoghras lasrach a bhios aig an fheadhainn a dh'ionnsaich agus a rinn co-dhùnadh gum b' fheàrr leotha an cur an

private realms chosen by those who buy the collections in which it appears, rather than sung in the *taigh-cèilidh*. Like most contemporary Gaelic poetry, it appears on the page in the Gaelic and in English translation, and can be said to have two lives. Even set against the innovations of the 20th and now the early 21st century, in this collection, Rody offers us something that is startlingly new. Over the last decade or more, there has emerged a lively debate in Gaelic literary criticism about the role and effects of translation, and the perpetual presence of English. Drawing on Edward Dwelly's lexicographical masterpiece, *Faclair Gàidhlig gu Beurla le Dealbhan/The Illustrated Gaelic- English Dictionary*, and the rich levels of meaning which it reveals, Rody's "translations" of his Gaelic originals turn things on their head, as one suspects that only those readers with sufficient Gaelic to understand how the context of the original informs meaning will be able to fully appreciate the meaning and the quite distinct artistry of the English.

Rody is writer-in-residence at Sabhal Mòr Ostaig, the Gaelic College on the Isle of Skye which is now a crucial part of Europe's newest university, the University of the Highlands and Islands; this is now where I, too, am employed. One of the many pleasures of SMO is the chance to meet and develop friendships with colleagues such as Rody. As the world's only centre for higher learning which operates through the medium of Gaelic, SMO is a totally unique and remarkable place, and through its work, and not least its writer-in-residence program, it has done much to contribute to the ongoing vitality of the Gaelic literary tradition. The recently deceased and much missed Sir Iain Noble, who played such a key role in its founding, likened SMO to a modern Iona, the early medieval monastic community founded by St. Columba which drew seekers of knowledge from throughout the Gaelic world on both sides of the Sea of Moyle, and from further afield, and when one thinks of

cèill ann am mion-chànain nach robh riamh air a measadh cudthromach le daoine aig nach robh i.

Coltach ri mòran bàrdachd Gàidhlig an latha an-diugh, chaidh bàrdachd Rody a sgrìobhadh airson an neach a leughas i air an taobh-duilleig, mar as trice anns an uaigneas a thaghas na daoine a cheannaicheas co-chruinneachaidhean bàrdachd an latha an-diugh, seach airson seinneadairean an taigh-chèilidh. Coltach ris a' mhòr-chuid de bhàrdachd Ghàidhlig an latha an-diugh, nochdas a' bhàrdachd air an taobh-duilleig anns a' Ghàidhlig le eadar-theagachadh Beurla, agus faodar a ràdh gu bheil dà bheatha aig a' bhàrdachd seo, aon anns gach cànain. Fiù 's ann an co-theacs nuadhas na ficheadamh linne agus a-nis na h-aona linne air fhichead, tha Rody a' tabhann dhuinn rudeigin a tha gu buileach ùr sa cho-chruinneachadh seo. Thairis air na deich bliadhna seo chaidh no mar sin, dh' èirich deasbad beothail anns a' bhreithneachadh sgoilearail air bàrdachd Ghàidhlig mu àite agus buaidh eadar-theangachaidh, agus làthaireachd dho-sheachanta na Beurla anns na co-chruinneachaidhean de bhàrdachd Ghàidhlig. A' tarraing air sàr-obair faclaireachd Eideard Dwelly, *Faclair Gàidhlig gu Beurla le Dealbhan/The Illustrated Gaelic- English Dictionary*, agus am beairteas brìgh ann am briathrachas Gàidhlig a tha am faclair iomraiteach sin a' taisbeanadh, tha "na h-eadar-theangachaidhean" a rinn Rody dhen bhàrdachd thùsail Ghàidhlig aige a' cur nan deasbadan seo bun-os-cionn, oir tha amharas ann nach tuig ach na leughadairean aig a bheil Gàidhlig ciamar a tha co-theacs na bàrdachd tùsail Gàidhlig a' toirt buaidh air brìgh na Gàidhlig, agus le sin, brìgh, agus ealantas, nan eadar-theangachaidhean Beurla.

'S e Sgrìobhadair na Colaiste a tha ann an Rody, aig Sabhal Mòr Ostaig, a' cholaiste Ghàidhlig san Eilean Sgitheanach a tha a-nis na pàirt de dh'Oilthigh na Gàidhealtachd agus nan Eilean, an t-oilthigh as ùire san Roinn Eòrpa, far a bheil mi fhìn ag obair an-dràsta, cuideachd. 'S e an cothrom eòlas a chur air agus càirdeas a thogail le co-obraichean leithid Rody am measg nan nìthean tlachdmhor a tha SMO a' tabhann do a luchd-obrach. 'S e SMO an aon ionad-foghlaim aig àrd-ìre air an t-saoghal a tha ag obair tro mheadhan na Gàidhlig , agus le sin, 's e àite gu buileach air leth agus sònraichte a tha ann, agus tro a h-obair agus a prògraman, leithid a' phrògraim

people like Rody, an Irishman who has mastered both Irish and Gaelic, the comparison is particularly apt.

I should also like to say a word about the publisher. Based on what has already been written, it should not be surprising that a publisher at a university based in Cape Breton Island, Nova Scotia, Canada, is publishing a book of Gaelic poetry. Indeed, given the rich history of Gaelic publishing in Canada, CBU Press is simply carrying on a well-established tradition. From the first half of the 19th century, Gaelic books, journals and newspapers have been published in Cape Breton, other parts of Nova Scotia, and other parts of what is now Canada, including the great metropolises of Montreal and Toronto. Indeed, few have done more, in the old country or the new, for Gaelic publishing than the likes of Alexander Maclean Sinclair, a native of Glenbard, Antigonish County, or Jonathan G. MacKinnon, a native of Whycocomagh, Inverness County, who published *Mac-Talla* (1892-1904), still the only Gaelic weekly newspaper that ever existed. In spite of that tradition, it takes courage and a real confidence in and commitment to the value of the Gaelic tradition to publish in what remains a highly minoritized language. For this, CBU Press should be warmly congratulated by all who care about Gaelic and its literary and cultural traditions.

In closing, it should be noted that, though perhaps somewhat frayed, the deep cultural links between Gaelic Scotland, Ireland and eastern Nova Scotia are still evident. While the world of Muireadhach Albannach is gone forever, the ease of modern communications and travel is facilitating the renewal of these links. In February 1993, a contingent of Cape Breton musicians—fiddlers, piano players, and pipers—and step dancers were brought to Cork, Ireland. The performances were memorably captured on an outstanding CD, *Traditional Music from Cape Breton Island*. One of the organisers, Micheál Ó Súilleabháin, of University College

"Sgrìobhadair na Colaiste," tha a' cholaiste air mòran a chur ri beathalachd leantainneach dualchas litreachas na Gàidhlig. 'S e an rùn a bha aig Sir Iain Noble nach maireann— duine a chaochail bho chionn goirid air a bheil mòran ionndrainn, agus duine aig an robh pàirt bhunaiteach ann an stèidheachadh na colaiste—gum biodh SMO na Eilean Ì an latha an-diugh: coltach ris a' choimhearsnachd mhanachail mheadhan-aoisich sin a chaidh a chur air bhonn le Naomh Calum Cille, thàlaidheadh i daoine a tha a' sireadh eòlas bho air feadh an t-saoghail Ghàidhealaich air gach taobh Sruth na Maoile, agus bho àitean nas fhaide air falbh, agus nuair a smaoinichear air leithid Rody, Èireannach a tha cho fileanta agus cho ealanta an dà chuid sa Ghàidhlig agus sa Ghaeilge, tha an coimeas aig Sir Iain gu sònraichte iomchaidh.

Bu mhath leam cuideachd facal a ràdh mun fhoillsichear. A rèir na chaidh a sgrìobhadh mu thràth, cha bhiodh e na ioghnadh gum biodh foillsichear aig oilthigh ann an Ceap Breatainn, Alba Nuadh, a' cur an clò leabhar bàrdachd Gàidhlig. Gu dearbha, leis an eachdraidh bheairtich de dh' fhoillseachadh Gàidhlig ann an Canada, tha Clò CBU dìreach a' cumail seann dualchas a' dol. Bhon a' chiad leth dhen naoidheamh linn deug, chaidh leabhraichean, irisean agus pàipearan-naidheachd Gàidhlig fhoillseachadh ann an Ceap Breatainn, ann an sgìrean eile an Alba Nuaidh, agus ann an àitean eile san dùthaich a tha a-nis Canada, nam measg bailtean mòra Thoronto agus Mhontreal. Gu deimhinne, cha do rinn mòran, anns an t-seann dùthaich no san dùthaich ùir, barrachd na na gaisich leithid Alasdair MacGilleain Sinclèir, a bhuineadh do Ghleann a' Bhàird, Siorrachd Antigonish, no Seònachan G. MacFhionghain, a bhuineadh do Hogamah, Siorrachd Inbhir Nis, agus a dheasaich agus a dh'fhoillsich Mac-Talla (1892-1904), fhathast an aon phàipear-naidheachd Gàidhlig seachdainneach a bha againn a-riamh, bho àite gu math goirid do CBU. A dh'aindeoin an dualchais sin, 's e comharra misneachd agus fìor earbsa anns an dualchas Ghàidhlig, agus dìlseachd dhan dualchas sin, a tha ann ann a bhith a' foillseachadh ann an cànain a tha fhathast na mion-chànain ann am fìor èiginn. Air sàilleabh seo, tha Clò CBU àiridh air co-ghàirdeachas blàth bhon a h-uile duine a tha a' cur luach air a' Ghàidhlig agus air a dualchas cultarach agus litreachail.

Cork, wrote that for the musicians and their Irish audiences alike, "there were sympathetic resonances everywhere." Readers, wherever they may be found, will undoubtedly find those same sorts of resonances in this fine collection.

Professor Robert Dunbar
Sabhal Mòr Ostaig UHI

Anns an dealachadh, bhiodh e iomchaidh a ràdh gu bheil na ceanglaichean domhainn eadar Gàidhealtachdan na h-Alba, na h-Èireann agus taobh an iar Alba Nuaidh, fuasgailte is a tha iad, fhathast rim faicinn. Ged a tha saoghal Mhuireadhaich Albannaich fada seachad, tha meadhanan conaltraidh agus siubhail an latha an-diugh, a tha cho goireasach, a' dèanamh comasach ath-nuadhachadh nan ceanglaichean seo. Anns a' Ghearran 1993, chaidh còmhlan luchd-ciùil à Ceap Breatainn—fìdhlearan, cluicheadairean piana, agus pìobairean—agus dannsairean-ceuma a thoirt do Chorcaigh, Èirinn. Chaidh na taisbeanaidhean-ciùil agus -dannsa a ghlacadh air meanbh-chlàr barraichte, ainmeil, *Traditional Music from Cape Breton Island*. Sgrìobh aon de luchd-eagrachaidh an turais, Micheál Ó Súilleabháin, bho Cholaiste Oilthigh Chorcaigh, gun do mhothaich an dà chuid an luchd-ciùil agus an luchd-èisteachd Èireannach "dùsgaidhean co-fhaireachail sa chumantas." Mothaichidh leughadairean, ge b' e càite a bheil iad, dùsgaidhean dhen aon sheòrsa anns a' cho-chruinneachadh taghta seo.

An t-Àrd-Oll. Robert Dunbar
Sabhal Mòr Ostaig OGE

From the Gaelic
(après Ian Duhig)

According to Dwelly, that Strathspey-and-pibroch-loving Sassenach
Who settled here and came to teach the Gaels a thing or two
Concerning their language, one of the words used for moon
Means a greyhound or paunch, a loin and kidney also.
The sun, meanwhile, is the bottom of the ocean,
Says our man Dwelly, or a burn or a loch
And a star's a mackerel or soil or a robust man.

Well ma-thà, m' eudail, if I say that your face
Is like a robust greyhound's loin or kidney
And your hair's as dark as the floorbed of Loch Ness
Or the very pupils of your eyes
Are like landed mackerel or Schaefchenwolken,
All I mean is: I'm trying, don't you see,
To describe you just so, according to Dwelly.

burstbroken judgementshroudloomdeeds

the burstbroken judgementshroudloomdeeds are burstbroken
by the endhead of the homehouse and the
littlenapkinsailwifie on her own athomeinside

by the tacksupportfire, dumbsilentatpeace, calmgentle,
fadelosing it in the pewseat, going darkblind with the
goodbook,

trying to thinkmake out those longfamiliar
victoryoathverbsayingwords in mouthsidefront of her in the
largeharristweedprint

Beartan Briste

Tha na beartan briste
Ri ceann an taighe
'S a' bhrèideag leatha fhèin a-staigh

Ri tac an teine,
Balbh, ciùin,
A' dol bhuaithe

San t-suidheachan
Ris an dalltanachd
Ris an Leabhar,

A' feuchainn ris na briathran fad' ud
A dhèanamh a-mach
Air a beulaibh sa chlò mhòr.

destinyleavequacking

with the richfoamcloudrealationbushbranchtrees
raindropweeping around the northcountrypeoplefarm
and the ducks and drakes who vinefatmounted each other
straightjust a littleregretwhileago destinyleavequacking
and thinkmaking for thuleicelandisland, dieseektravelling
thousands of miles without returning,

showsee! all these adzebladefinfeathers hackscattered all
around Islay

Fàgail

Agus na craobhan a' sileadh mun tuath
'S na h-iseanan 's na lachan a bh' air muin a chèile
Dìreach a chianaibh a' fàgail
'S a' dèanamh air Innis Tìle,
A' siubhal nam mìltean gun tilleadh,

Seall!
Na tha seo de dh'itean gan sgapadh
Anns gach taobh de dh'Eilean Ìle.

beinnncaillicholdwifiewitchmoormountain

i stopstood on the roofsummit of
beinnncaillicholdwifiewitchmoormountain
in the dellmeadowstrath of strath and cast
an eye farawaywantingfromme over onto
beinnncaillicholdwifiewitchmoormountain in kylereanarrow

and i saw someman who had been overthere and
panegyricclimbed the mountainglengapgateway casting an
eye from there on me showlooking over at himself on the
roofsummit of beinnncaillicholdwifiewitchmoormountain
in kylereanarrow on the roofsummit of
beinnncaillicholdwifiewitchmoormountain in the
dellmeadowstrath of strath

Beinn na Caillich

Sheas mi air mullach
Beinn na Caillich an t-Sratha
'S thug mi sùil
Bhuam a-null
Air Beinn na Caillich, Caol Reatha

'S chunnaic mi feareigin
A bha thall 's a dhìrich am bealach
A' toirt sùil a-nall orm fhìn
A' sealltainn
A-null air fhèin
Air mullach Beinn na Caillich, Caol Reatha
Air mullach Beinn na Caillich an t-Sratha.

jointmovementgracegiving

back at the homehouse bothtogether with the
halfbottlespectreoldcodboy at his sluggishpoached eggs and
nothing in it there but the gulpdevourswallowing that's been
there so long

and forallthatafter we had finished, me not getting up but,
quite the deathchangeopposite, staywaiting back at the table,
jointmovementgracegiving that it/he had gone at last

Altachadh

Air ais aig an taigh
Còmhla ris a' bhodach
Ris na h-uighean air an slaopadh
Agus gun ann ach an slugadh
A bh' ann bho shean gun euradh

Agus an dèidh dhuinn crìochnachadh,
Mi fhìn gun a bhith 'g èirigh
Ach, air a chaochladh, a' fuireach
Air ais aig a' bhòrd, ri altachadh
Airson 's gun do dh'fhalbh e mu dheireadh.

hurlyburlylocquacity

when himself would thinkmake to beamsit at
crofterlabourtiredwaketalking by the furzefire at night and
tellrepeat the stories to whoever was in it there, he'd singsay
all the tideweathertime: abodestop me if I've told you this
before (abodestop me if I've told you this before)(abodestop
me if I've told you this before)

Cithris-chaithris

Nuair a dhèanadh e fhèin suidhe sìos
Ri caithris ris an teine
Ris an oidhche 's e 'g aithris
Nan sgeulachdan do na bh' ann, 's e
Chanadh e fad na tìde:

Cuiribh stad orm ma tha mi air seo innse
Dhuibh roimhe.
(Cuiribh stad orm ma tha mi air seo innse
Dhuibh roimhe.)
(Cuiribh stad orm ma tha mi air seo innse dhuibh roimhe.)

earlymealprayerltimeonce

back in the masschapelhouse where we
childbedserveattended earlymealprayerltimeonce there
i am feelcaught eitherbothbetween which is the stronger
of the two, the arrowbarbstingknotrays which would
nakedviewappear therethen suddenlywithoutknowing
through the colourstained glass recesswindow, how
many spiritfolk were livevictorylocationpresent
dwellsleepresting as ghostcountenanceimagestatues
without moving faceagainst the rocks raindropweeping
or duskdawnchancefalling to the earthcentreground with
thirstfasting and diewant of windscentair

Tràth

Air ais ann an taigh-'n-aifrinn
Air an dèanamaid frithealadh tràth,
Siud mi fhìn air mo ghlacadh
Eadar na dhà cò a bu threasa
Na gathan a' nochdadh an sin gun fhiosta
Tron uinneig ghlainne dhathte,
Na bha de shluagh an làthair
Nan tàmh nan ìomhaighean
Gun charachadh an aghaidh
Nan creag a' sileadh
No a' tuiteam ris an làr
Le trasgadh is dìth na h-àile.

on union walkstreet

so/as bonnynice – waistmiddle of the whitebright day,
a greygreen halfbottlespectreoldcodboy by the side of the
walkstreet,

watchwaiting for the red moonphaseknowledgelight,
budgeflitchangeturning, gobecoming a greenwoodenpin
oneman

Air Sràid an Aonaidh

Cho snog –
Meadhan an latha ghil,
Bodachan glas ri taobh na sràide,

Ri feitheamh air an t-solas dhearg,
Ag atharrachadh, a' dol
Na fhear uaine.

sinking

headend upbringlifting from my tidalislandbirthpainsouevre
and preservewatching out the window and her thronechair
eitherbothbetween me and the seabottomsunland
going down and the dyecolours changeperishing
behind there in witnesspresence just about is a
cockroachknotheadlandrock or maybe a youngwee island
gobsticking out of the centurysound that appears only rarely
when that moonphaseknowledgelight hits a particular
peniscablebowlspot at onceearlyprayermealpartingtime
farawaywanting from us on the horizonridge

Dol a Laighe

A' togail ceann
Bho mo shaothair is a' coimhead a-mach
Air an uinneig is a' chathair aice fhèin
Eadar mi fhìn 's a' ghrian
'S i dol a laighe 's na dathan
A' mùthadh air a cùl, siud nam fhianais
Air èiginn carraig
No 's dòcha gur e th' agam eilean beag
A' gobadh a-mach às an linne
Nach nochd ach ainneamh
Ainneamh nuair a bhuaileas
An solas ud ball àraidh
Ri dealachadh-nan-tràth
Fada bhuainn air fàire.

another thighcrutchwomanoffspringtraceconsequence

back with the rest in the goggle-eyestonechurchyardtesticlevill age, i went to tracelook for them in every flockbushspot like at whistlehidenseek

i asked them that were there in it a longtimeback and they said they singburnholdwent that journeyway!

Lorg Eile

Air ais cuide ri càch anns a' chlachan,
Chaidh mi gan lorg anns a h-uile bad
Mar gum b' ann air falach-fead.

Chuir mi ceist air an fheadhainn
A bh' ann o chionn fhada. 'S e thuirt iad:
Ghabh iad an t-sligh' ud!

househome

pilgrimageceilidhing, no cyclevisiting the old one in a
divisionward of and on her own under grey locks so much so
she nearly lost her tongue, she started to quarreltalk in that
speech i never feltheard in o onesome severaltwoscore years,

going on about the childfamily and the ones who'd come in
and out and the days long ago and she would singsay without
fail like an apparitionmantra: to hell with them! i wish i was
going deathhousehome!

Dachaigh

Air chèilidh, chan e,
Air chuairt, aig an tè a bh' ann
Ann an roinn leatha fhèin is glas oirre
Gus beag nach do chaill i a teanga,
Thòisich i a' bruidhinn
Sa chainnt ud nach do dh'fhairich mi fhìn
O chionn aon dà fhichead bliadhna

'S i a-mach air a' chloinn 's an fheadhainn
A thigeadh a-steach is a-mach
Is na làithean a bh' ann o chionn fhada
'S b' e 'n rud a chanadh i, gun euradh,
Mar gum b' eadh na mhanadh:
Mo mhallachd orra!
B' fheàrr leam gun robh mi dol dhachaigh.

sheenahandstretchbeginning

eitherbothbetween dozing and waking and the duskdawn nakedappearing, getting up and coming to me,

then handstretchbeginning out as ever by the ridgyback by my slopeside – moonphaseknowledgelight! accentechosound! officeaction!

Sìneadh

Eadar dùsal agus dùsgadh
Agus a' chamhanaich
A' nochdadh,
Ag èirigh
'S a' tighinn thugam,

An uair sin a' sìneadh
Mar a bha 's a-riamh
Ris an druim ri mo chliathaich –
Solas! Fuaim!
Gnìomh!

nostos, Edinburgh

full of thoughts coming back to me in the
deceitburyinggroundmeadows

Nostos, Dùn Èideann

Làn smuaintean
Air tighinn air ais dhomh mu na Cluaintean.

duntwodonaldsfield

the batchelorgillieploughmanservantlads used to come
from the goggle-eyestonechurchyardtesticlevillage and
duntwodonaldsfield during the last war and go off with the
camerons or the argyleandsutherlands

some of them used to buryspend centuryages
musicstormbound or at hardanchor before dieseektravelling
to the scandinavianocean to archangel and murmansk, to
their death

the place used to be so secretmelancholyremote that they
started quarreltalking to themselves at first. then the
sheep would quarreltalk to them and then the sheep would
quarreltalk to themselves

Ach Dà Dhòmhnaill

Thigeadh na gillean às a' Chlachan
Agus Ach Dà Dhòmhnaill
Ri linn a' Chogaidh mu dheireadh
Is rachadh iad leis na Camshronaich
No le fir Earra-Ghàidheal 's Chataibh.

Roinn aca, chuireadh iad seachad
Na linntean mòra
Ri port no air chruaidh
Mun siùbhladh iad Cuan Lochlainn gu Archangel
Agus Murmansk, gu am bàs.

Bhiodh an t-àite cho uaigneach is gun tòisicheadh iad
Air bruidhinn riutha fhèin air thùs.
An uair sin bhruidhneadh na caoraich riutha
'S an uair sin bhruidhneadh na caoraich riutha fhèin.

the weatherseasonlifehourtime halfbottlespectreoldcodboy

i spent my welcomefoodlife in my anthilltentshop in kilbride at the artpoesyscienceskill of hourwatches from early to intenseblacklate, so neatroundexact that i nearly lost my insight

and now after, och, onesome severaltwoscore years and the rest isn't it time to let go and driftclose foreverandever

och my friend where has the tideweathertime gone?

Bodach na h-Uarach

Thug mi seachad mo bheatha
Na mo bhùth ann an Cille Bhrìghde
Ri ealain uaireadairean
Bho mhoch gu dubh, cho cruinn
Gus nach mòr gun do chaill mi mo lèirsinn.

Is a-nis an dèidh, och, aon dà fhichead bliadhna
'S an còrr, nach ann a tha e na àm
A bhith ga leigeil dhìom
Is a druideadh gu sìorraidh suthainn.

Seadh, seadh, a charaide! - càite 'n do dh'fhalbh an tìde?

carepreserving and funeraltransport

the peasantclownjackboys came from highlandgaidhealtachd
department (carepreserving and funeraltransport) in the
duskdawn to seepreserve to the cracks all over the place
around the peatpilefoundations

they spent all morning at the farmbattlefieldruinsite and the
heritagestate nearby. then they split up

then they had their lunchprovisions and then they spent
the whole vespersafternoon preservelooking inwombside
a cavehole in the countrysoilground hardly closemoving or
saying a bardtauntvowelvoiceword

Cùram & Gleidheadh agus Giùlan

Thàinig na balaich
Bho Roinn na Gàidhealtachd
(*Cùram & Gleidheadh agus Giùlan*)
Anns an sgarthanaich
A choimhead air na sgàinidhean air feadh an àite
Mun an stèidh.

Thug iad seachad
Fad na maidine
Mun an làraich
Agus mun oighreachd ri làimh.
An uair sin
Ghabh iad mu sgaoil.

An uair sin ghabh iad an lòn.
Agus an uair sin
Thug iad seachad fad an fheasgair
A' coimhead a-steach am broinn tuill
San talamh gun druideadh cha mhòr
Agus gun guth a ràdh.

ancestorcompanyalso

i went to pilgrimageceilidh on my ancestorcompany in the carewakinghouse.

they nakedappeared and then went out of sight;

mourning; then without a bardtauntvowelvoiceword and then again sorrybye,

moving ceaselessly from the onesecond room into the next manone

Cuideachd

Chaidh mi a chèilidh
Air mo chuideachd
Anns an taigh-fhaire.

Nochd iad
Is an dèidh sin
Dh'fhalbh iad às an t-sealladh;

Ri bròn;
An uair sin gun ghuth
'S an uair sin a-rithist Soraidh

'S iad a' gluasad leotha gun sgur
Bhon dàrna seòmar
A-steach don fhear eile.

poorghoststatueimagepictures

the decemberblackness is coming. it won't be long before it's headappeared. the deathchange is perceptible here and there. you feel it in the poorghostcountenancestatueimage on the monthcalendar on the apron heroldwifiewitchself wastewore when she was heavypregnant with me (as i've seen in poorghoststatueimagepictures) hanging by the back of the door, lovefruit and fruitmilkingsupply, the birds and the richfoamcloudrealationbushbranchtrees and fairlyhillockflowers abandondiefading ever so feeblefaintly in dyecolour

Dealbhan

Tha 'n Dùbhlachd a' tighinn.
Chan fhada gum bi i air tighinn gu ceann.
Tha 'n caochladh ri fhaireachdainn thall 's a-bhos.
Bidh thu ga fhaireachdainn san dealbh
Air a' mhìosachan 's air a' chriosan-leacadain
A chaitheadh a' chailleach
Nuair a bha i trom leam fhìn
(Mar a chunnaic mi ann an dealbhan)
An crochadh ri cùl an dorais,
Meas agus toradh,
Na h-eòin 's na craobhan 's na sìtheanan
A' trèigsinn air cho fann ann an dath.

hoodiecrowlazybeds

draining hoodiecrowlazybeds in a hollow beside the sound of
sleat

like a playingfold where Sophocles and Aristophanes
imitaterecited their lot

one summer in front of the clanfarmhandpeople of the
moormountain

Feannagan

Feannagan-taomaidh
Ann an lagan ri taobh Linne Shlèite

Nan crò-cluiche mun d'rinn Sophocles
Is Aristophanes an cuid aithris

Aon samhradh
Air beulaibh muinntir na beinne.

departurespot

he'd been out deathseekwalking fatiguewandering under the outlawcairnmountain and wood where the youthbranches wastegrow straightup like-eyestonechurchyardtesticlevillage headstones like a holy man and it grew drearylonginglate.

he came on a greygreenpatch in a deceitburyinggroundmeadow in a betrothalclearing. i think – he said – i'll burypitch my butterburalcovetent in this very departurespot

Imeachd

Bha e air a bhith a' siubhal
Air an allaban
Fon a' chàrn is fon a' choille
Far am fàs na gallain
Dìreach mar chlachan-cinn
Mar dhuine naomh
Is dh'fhàs e fadalach.

Thàinig e air glasach
Ann an cluain ann an rèiteach.
Cha chreid mi – 's e thuirt e –
Nach cuir mi mo phuball
San imeachd an seo fhèin.

the tenderlinen richfoamcloudrelationbushtree

lookshow! after every wishthing – the tenderlinen
richfoamcloudrelationbushtree
where the littlenapkinsailwifie used to buryput her stuff all
fancy, wifeyapronshrouds as an apparitionone might say
round a holy well or moving ghoscountenancetimagestatue
and the morning still young, still standing, still
richfoamcloudrealationbushbranchtreeflowing

A' Chraobh-anairt

Seall!
An dèidh a h-uile càil –
A' chraobh-anairt
Air an cuireadh a' bhrèideag
Ar cuid na sgeadachadh,
Na broineagan, chanadh neach,
Mu thobar naomh no ìomhaigh
Ghluasadach is a' mhadainn òg,
Fhathast na seasamh,
Craobhach fhèin fhathast.

the wee mannie

showsee the wee mannie extinguishmuttering to himself and abodestopping the rest

as he's allowed to stumble and leanbulge about turns on the limppathsteps

and duskdawnchancefall at endlast on his thighbuttocks and on his legfeet the halfbottlespectreoldcodboy's rough brogueboots

An Duineachan

Seall an duineachan
'S e a' mùchadh ris fhèin
'S a' cur stad air càch

Mar a leigear leis
Tuisleadh is aomadh mu seach
Mu na ceumannan

Is tuiteam bho dheireadh air a' mhàs
Agus, air a dhà chois,
Brògan-garbh a' bhodaich.

ma and pa rip

at earlymealprayertimeonce globepreciselyround the table in
the vesperafternoon and the altarmeatdishes empty and the
pair of you down at the two endheads and the greytwilight
tightnearing and the conversation going on forever back and
forth and then it attackcomes to me and hits me that you're
not battlesitevictorypresent at all and that you're on about
some secretmelancholyremoteprivate belovedobjectsubject
of your own and you don't want to revealappear it
and quarreltalking in a conversationlanguage we don't
understandtwig

Mo Mhàthair is m' Athair Nach Maireann

Ri tràth cruinn
Mun bhòrd feasgar 's na miasan
Falamh 's an dithis agaibh
Shìos aig an dà cheann
Is an ciaradh a' teannadh
Is an conaltradh a' falbh gu sìorraidh
A-null 's a-nall 's an uair sin
A' tighinn dham ionnsaigh
'S a' bualadh orm nach eil sibh
Anns an làthair ann
Is gu bheil sibh a-mach
Air cuspair uaigneach
Air choreigin a bhuineas ribh fhèin
Is nach eil sibh ag iarraidh
A nochdadh agus a' bruidhinn
Ann an cainnt nach tuig sinn.

my restbreath

i buryput my restbreath into the familychildren's rings,
risefilling them tidefull of shootingpainwind to teachlearn
them how to soakfloatswim as they'll learnteach tofor
themselves

in a year or two with the summer back on the
barehorizon, the sameone restbreath will be inwombside
them doubtmaybe but won't comefit around their
breastwombowelwaists or their shoulders eitheranymore

M' Anail

Chuir mi m' anail a-steach
Anns na fàinneachan aig a' chloinn,
Gan lìonadh làn gaoithe
Mus ionnsaicheadh iad snàmh,
Mar a dh'ionnsaicheas, dhaibh fhèin.

An ceann bliadhna no dhà eile
'S an samhradh air ais air lom,
Bidh 'n aon anail nam broinn theagamh
Ach nach teachd iad mun com
No mun guailnean tuilleadh.

roastboil

visitating my parentsclanfarmhandpeople, deathseekwalking
through the maindoor, heroldwifiewitchself timepropped
beside the furzefire like a veryone littersow and the
gnatflies deathgoing all around the place, the leftovers of the
desirekail in the iron brasillicapot as i heardfeltsmelt in my
first memory, overroastboiled

Bruich

A' tadhal air mo mhuinntir,
A' siubhal a-steach air an doras-mhòr,
A' chailleach an tac an teine
Na h-aon chràin 's na cuileagan
A' falbh air feadh an àite,
Fuigheall a' chàil sa phraiseach-iarainn,
Mar a dh'fhairich mi fhìn
Ri mo chiad chuimhne,
Air bruich tuilleadh 's a' chòir.

sparkshadowsheltersunwaistbelt

beside the bothyshed which we used as a hunting caveden
once upon a livinguniverseworldtime at the coastedge
of the wood near where the palacestallgarden and big
mansionhouse were which withstood even the last war
behind the oaks

and the sorrowcypress
richfoamcloudrealationbushbranchtrees and rhododendron,
i rearlearnbuilt a sparkshadowsheltersunwaistbelt
of native richfoamcloudrealationbushbranchtrees to keep out
the prevailing shootingpainwind and the sheep and keep in
the familychildren and chicks

Crios-fasgaidh

Taobh ris a' bhothan
A bha mar gharaidh-seilge
Latha den robh 'n saoghal air iomall na coille
Mu bheil an lios is an taigh-mòr agaibh fhèin
A sheas ri fiù 's an cogadh
Mu dheireadh air chùl nan darach

Is nan craobhan-bròin is nan rhododrendon,
Thog mi fhìn crios-fasgaidh
De chraobhan-dùthchais gus a' ghaoth
Bhuadhach agus na caoraich
A chumail a-mach is a' chlann
Is na h-isein a chumail a-staigh.

deathseekwalking

showseeing herself back at the househome and
deathseekwalking in the riverwaverainwater after
that and shootflinging my sustenancebread to the
wildfallowgroundwhite swan as before and not a
presencetrace of her

A' Siubhal

Ga sealltainn fhèin
Air ais aig an dachaigh
'S a' siubhal ris an uisge Vn dèidh sin
'S a' tilgeil m' arain
Don eala-bhàin mar a bu ghnàth
'S gun lorg oirre no làrach.

sheafspokesunbeamdarts

deathseektravelling back in the tiredminchoceanbay,
i saw like a flashflame eitherbothbetween two
moonphaseknowledgelighthouses shootburning on the
woofcreamsurfacetop and sheafspokesunbeamdarts
gaudyglittering like a shadow in the
halfbottlespectreoldcodboy's oilskinblouse

Gathan

A' siubhal air ais dhomh
Sa Chuan Sgìth,
Chunnaic mi mar lasair
Eadar dà thaigh-solais
Losgadh air an uachdar
Agus de ghathan a' boillsgeadh
Nam faileas
Ann am blobhsag a' bhodaich.

desertpasturemoormountains

vespersafternoon out away deathseekwalking and the
seabottomsunland liesetting past the chariotvehiclecars
abandonded and the turfwallthwartknollruins and
the strand so whitebright and calm, it wasn't the
dykespawninggraveyard in kilnave i saw without any
fairyhillockflowers or masschapelhouse under moss and
a blind standingstone and mermorialrocks and one cross
and all at rest and the same patronymicsurnames and
apparitionmantras headappearing, until the day break, not
at all, the deathchangeopposite, as i was deceived by myself
there without a bardtauntvowelvoiceword but a herdflock of
fallowgroundvacantwhitefaced sheep wandering all over the
place

Monaidhean

Feasgar air siubhal dhuinn
'S a' ghrian ri laighe
Seachad air na carbadan
Air an trèigsinn 's na tobhtaichean
'S an tràigh cho geal sèimh,
Cha robh agam ann
Mar a bha mi 'n dùil mar shealladh
An cladh ann an Cill Nèimh
Is gun sìthean ann
Is taigh-'n-aifrinn
Fo chòinnich is dallan-cloiche
'S carraighean-cuimhne
'S aon chrois
Is na h-uile aig fois
Is na h-aon sloinnidhean
Is manaidhean a' togail ceann,
Gus am Bris an Latha,
Cha robh na, air a chaochladh,
Leis gun robh mi air mo mhealladh
Leam fhìn an sin gun ghuth
Ach treud a chaoraich bhàna
Air allaban air feadh an àite.

novemberhalloween

showsee our halfbottlespectreoldcodboy in his dykegarden
by himself earmarkcarvecutting and ridgeshearing and
novemverhalloween on the barehorizon – i wonder does
he think and say to himself: howwhy the hell is it not
depresswithering and going back and deathgoing as it
plaitshould this year like in the epochseasonweathertimes
that are bentgone?

Samhain

Seall am bodach againn
Anns a' ghàrradh leis fhèin
A' gearradh is a' bearradh
Agus an t-Samhain air lom –
An dùil am bi e smaoineachadh is ag ràdh
Ris fhèin: *Ciamar fo Dhia*
Nach eil e crìonadh is a' dol air ais
Is a' dol bàs
Mar bu dual am-bliadhna
Mar anns an aimsir a dh'aom?

addressrespectmanners

and when we were globepreciselygathered
doorframetogether as familychildern round
heroldwifiewitchself, carewaking, half like a funeralgathering
and half preservewatching ourselves being judgementborn
and about to head off, she asked us to go and i said to her:
what do you say? and she said: if you loveplease!

and when all there got up and we let her lie, for the last
journeytime, i said to her: and what do you say now? and she
said at last: goodluckhankyou!

Modh

'S nuair a bha sinn cruinn
Còmhla nar cloinn mun a' chaillich,
Ri faire, leth mar leth mar thional-claidh
'S a' coimhead oirnn fhìn gar breith,
'S an ionnas dèanamh às,
Dh'iarr i oirnn falbh
'S thuirt mi rithe:
Dè tha sibh 'g ràdh?
'S thuirt i: *Mas e ur toil e!*

'S nuair a dh'èirich na bh' ann
'S a leig sinn leatha laighe,
Don turas mu dheireadh,
Thuirt mi rithe:
'S dè tha sibh 'g ràdh a-nis?
Is thuirt i mu dheireadh:
Tapadh leibh!

eitherbothbetween Druskininkai and vilnius

coming fromoutof Druskininkai on sunday we went
for a pondpiss on the edge of the roadway where the
northcountryfarmfolk used to be bothtogether with the
fieldgirlmushrooms and the baskets about to overflow –
morel, chanterelle, helvella – hidden amongst the beeches
and pines

and when i was readydone and i abodestopped and turned,
i smellfeltheard a calfsquallskirlyelp like the working of the
western ocean rubnearing the strand and the fulltide low a
long vespersafternoon away back in townvillagefarmhome

Eadar Druskininkai 's Vilnius

A' tighinn à Druskininkai Didòmhnaich,
Dh'fhalbh sinn gu lochan air oir na slighe
Far am biodh an tuath còmhla
Ris na caileagan-achaidh
'S na sgùlain gus cur thairis –
Morel, chanterelle, helvella –
Nam falach am feadh nam beithean 's nan giuthas.

Agus nuair a bha mi fhìn rèidh
'S a rinn mi stad is tionndadh,
'S e na dh'fhairich mi ann ach sgal
Mar gum b' ann mar obair an taibh
'S e ri suathadh anns an tràigh
'S an làn ìseal
Feasgar fad' air ais aig baile.

peniscableballspot

decked out in black and brightwhite armouruniform,
back as a clearingreferee apparitionperson and the
familychildern and their ancestorcompany going stircrazy
round the peniscableballspot where Seumas's dykegarden
was, swellblowing, the palacestallgarden and the birch
richfoamcloudrealationbushbranchtrees wastegrowbecoming –

touchfeelvisitationgoal!!!!!!!!!!!!!!!!!!!!!

Ball

Ann an èideadh
Dubh 's geal,
Air ais mar neach-rèiteachaidh
'S a' chlann 's an cuideachd a' falbh
Ri mire mun a' bhall
Sam biodh Gàrradh Sheumais,
A' sèideadh, an lios
Is na craobhan-beith' a' fàs –

TAAAAAAADHAAAAAAAL!

estancia

he went and handbeginstretched out under the mackerelstars
out on the pampas, fanksurrounded by the guanacos and
the sheep flocktuftplaces and waking with his gobmouth as
jejunedry as hazardgrainsnuff

he smellfeltheard far away the constanthammershouting of
martineta and mara round the wrinklebrierthicket and the
breastbellowing of huemel in the wellshapedsouth headend

Estancia

Chaidh e ga shìneadh fhèin
Fo na rionnagan a-muigh air a' *phampas,*
Air cròthadh leis na *guanacos* is na badan chaorach
Agus a' dùsgadh
Is a ghob cho tioram ri gradan.

Dh'fhairich e, fad' às,
Callan *martineta* 's *mara* mun a' phreas,
Langan *huemul* anns a' cheann a deas.

presentreward

herself getting deathwaylaid and dovetailflukehuskteeth
falling out of her mouth,
she gets up in the dumbquiet of night and burstbreaks
into where we are with an earpillow and two heelcoins
and the sameone words all the tideweathertime (as far as i
can thinkmake out):
look, love, what i got as a presentreward!

Duais

'S i fhìn a' dol far an t-siubhail 's na fiaclan
A' tuiteam far a beòil,

Bidh i 'g èirigh suas
Am balbh na h-oidhche 's a' briseadh

A-steach far a bheil sinn fhìn
Is cluasag is dà bhonn aice

'S na h-aon fhaclan fad na tìde
(Fhad 's a tha mi fhìn a' dèanamh a-mach):

Seall, a ghaoil!
Na fhuair mi fhìn mar dhuais!

another secretwhispersign

deathseekwalking new year morning round the
desertfirmoorplain where the halfbottlespectreoldcodboys
were in the middle of nowherestory near
Muirneag, i came across an old shedbothy without
a roof suddenlywithoutknowing and, like a
handshadowonthewalltofrightenchildren, a secretwhispersign
in Gaelic from doghangingages ago and the littlerockfinger
inwombside it threatpointing at me in the impudenceface:
your country needs you

Sanas Eile

A' siubhal dhomh madainn
Latha na Bliadhn' Ùire mun aonach
Anns an robh na bodaich
Air chùl an t-seanchais ri Mùirneag,
Thàinig mi air bothan aosta
Gun mhullach gun fhiosta
'S, mar gum b' eadh na chròg-ri-fraigh,
Sanas ann sa Ghàidhlig
Bho linn-crochadh-nan-con
Agus an sgealbag na bhroinn
A' tomhadh orm fhìn san aodann:
Tha feum aig an dùthaich agaibh oirbh.

going househome

there's heroldwifiewitchself going househome after being
with us a long time – i've taken out her belongings and
buryput them inwombside the chariotvehiclecar.

she's saying goodbyesorry to the familychildren and: i
left sailclothes and brogueshoes and a woodstick and a
nightarmourdress in my own place, just in casenotknowing.

pulldriving away back dragslowly, still nodbeckonwaving,
growgetting tiny already, deathcrycalling out: fullsafebye!
sorryfullsafebye!

Dol Dhachaigh

Siud a' chailleach a' dol dhachaigh
An dèidh a bhith againn o chionn fhada -
Tha mi air a cuid
A thoirt a-mach is a chur am broinn a' charbaid.

Tha i fàgail soraidh aig a' chloinn
Is ag ràdh: *Dh'fhàg mi aodach*
Agus brògan agus maide
'S èideadh-oidhche
San àit' agam fhìn, gun fhios.

A' tarraing air falbh air ais gu slaodach,
Fhathast a' smèideadh, a' fàs
Meanbh a-cheana,
Tha i 'g èigheachd a-mach:
Slàn! Soraidh slàn!

tuneport

eitherbothbetween the headend of the little bridge and the
big bridge in Edinburgh

near mcdonalds, a charitybeggar with a trayboard by his
legside

on the earthcentreground, dumbquiet, competing with the
howlyelling and triumphroar of the greatpipes

playing the lament for mac gille chaluim of Raasay and then
a tuneport without a name

Port

Eadar ceann na Drochaide Bige
'S na Drochaide Mòire, Dùn Èideann

Mun a bheil *McDonald's,*
Dìol-dèirce 's clàr na chois

Air an làr, balbh, am farpais ri nuallan
Is iolach na pìoba-mòire

Ri *Cumha Iain Ghairbh Mhic Gille Chaluim*
'S an uair sin port gun ainm.

riverchannelcoastbeach

agitaterocking on the sameone walkstreets of isthmuscobbled
goggle-eyetesticlemonumentstones

back in my own homefarmvillagetown, the
homefarmvillagetown of my menpeople,

like a very riverchannelcoastbeach where
riverwaverainwater doesn't dieseekrun eitheranymore

Cladach

A' tulgadh air na h-aon sràidean
De chlachan dòirlingeach

Air ais na mo bhaile fhèin,
Baile mo dhaoine,

Nan aon chladach-aibhne
Mu nach siubhail uisge tuilleadh.

the cairncart

with heroldwifiewitchself in bed, there's the
cairncart deathseektravelling past the homehouse
dragslowly, straightup like the otherlast night and the
halfbottlespectreoldcodboy steerguiding and his eye out,
asksearching and the flockherdfollowers away high in the
moormountain

An Càrn

Agus a' chailleach na leabaidh,
Siud an càrn a' siubhal seachad air an taigh
Gu slaodach, dìreach
Mar a bha 's an oidhche mu dheireadh
Agus am bodach ga stiùireadh
Agus a shùil a-mach,
A' sireadh agus an treud air falbh
Gu h-àrd mun an t-sliabh.

salon du musée

that tidalislandbirthpainsouvre untitled on apocalypsedisplay
high up on the earthgroundfloor in the exposition place
was jointed together so an apparitionperson could stand
juststraightup for the twinklingoftheeyes to sightconsider
it from a certain pacedistance without moving and the
wakecaremen keeping an eye all the tideweathertime and
then moving past just as lateslowly without saying a blessed
creationdesirething

Salon du Musée

Chaidh 'n t-saothair thall
(Oeuvre sans titre),
Ga taisbeanadh gu h-àrd air an làr-ìseal
Anns an ionad-exposition
A chur an alt a chèile
Gus an seasadh neach
Dìreach fad prioba-nan-sùl
Gus beachd a ghabhail
Bho astar àraid oirre
Gun charachadh 's na fir-faire
'S iad a' cumail sùil
Fad na tìde 's an uair sin
Gluasad seachad a-cheart cho mall
Gun càil chruthaicht' a ràdh.

oppositedeathchange

the snow nakedappears at night suddenlywithoutknowing,
peacequietly and lies
and in the morning there'll be an oppositechange
now who else does that put you in mind of?

Caochladh

Bidh 'n sneachd' a' nochdadh
Ris an h-oidhche

Gun fhiosta, gu sàmhach
Is a' dèanamh laighe

'S anns a' mhadainn,
Bidh caochladh ann.

A-niste, cò eile
Tha siud a' cur na do chuimhne?

recorder

(après Michael Donaghy)

the musicianers in the shebeen spilling over at
lunchprovisiontime onesome severaltwenty years back.

a peasantclownjackboy from Kilmarnock pastputspending
a few days in Ostaig with a recorder and a neatconceited
notebook in his foothand.

what that manone?

Donald recesscrouches and threatpoints an indexfinger at the
dark background:

the halfbottlespectreoldcodboy will know

the Kilmarnock man puts down: the
halfbottlespectreoldcodboy will know

Clàradair
(après Michael Donaghy)

An luchd-ciùil anns a' Phraban
A' cur thairis àm-lòin
O chionn aon fhichead bliadhna.

Balach à Cill Mhearnaig
A' cur seachad beagan làithean ann an Ostaig
Le clàradair is garadan spaideil na chois.

"Dé bha an fear sin?"

Dòmhnall ga chrùbadh fhèin
'S a' tomhadh meur-an-eòlais ris a' chùil dhorcha.

"Bidh fios aig a' bhodach."

Fear Chill Mhearnaig a' cur sìos
"Bithidh Fios ag a Bhodach."

tideweathertime

i stareglare at the blankwhite leafpage lying like that in
mouthfront of me like onesome stubblemountaindesertspot.

i want my dyecolours to strike the tideweathertime like
restbreath on the varnish on the quarrycliffrockface

Tide

Bidh mi ri sgeannadh
Air an duilleig bhàin
'S i na laighe mar siud
Shìos air mo bheulaibh
Na h-aon fhàsach.

Tha mi 'g iarraidh
Gum bi mo chuid dhathan
Ri bualadh air an tìde
Mar a bhios an anail air an fhalaid
Air aghaidh na creige.

poetrypoem

i had neglectforgotten that smellhearfeeling, aye that
experienceknowledge tricklike something which fell behind
the settee or was hidden for safekeeping in a priesthole in
the library.

this fatepoem i'm trying to make to joint together in
a particular embryoform, the giftpoem keeps them in
memorymind

that's poempoetry for you

Bàrdachd

Bha mi air an fhaireachdainn,
Seadh, am fiosrachadh,
A bha 'n sin a chur air dhearmad
Air chleas rudeigin a thuit
Fon langasaid no a chuireadh air falach
An tasgadh ann an toll-sagairt
Ann an taigh-nan-leabhraichean.

An dàn seo, tà, a tha mi feuchainn
Ri dhèanamh,
Ri chur an altaibh a chèile
Ann an cruth àraidh,
'S ann a tha 'n dàn
Air an cumail air chuimhne.

Sin agad a' bhàrdachd.

my loverespect

straightjust as the greydusk tightnears, my loverespect
returns to the manone i loved.

though far away and overthereabroad wantingfrom me now,
i hear his bardtauntvowelwordvoice far off

and though he's far behind the antlercaberpeak of that
greenplainfirmoorhill over there, the rockcryecho in its
antlers quarreltalks to me out from glen to glen

Mo Spèis

Dìreach mar a bhios an ciaradh a' dlùthachadh,
Bidh mo spèis a' tilleadh
Ris an fhear dhan tug mi gràdh.

Ged a tha e fad' air falbh
Agus thall thairis bhuam a-nis,
Cluinnidh mi a ghuth fad' às

Is ged a tha e fad' air chùl
Cabar an aonaich ud thall,
Bidh 'n sgal-creige na char a' bruidhinn
A-mach bho ghleann gu gleann.

hearsmellfeeling you

i hearsmellfeel you out there wantingfrom me in the dykegarden in some flocktuftspot or other now that springsummermay is here though i can't see you, i sillyregret, old garlicky thing that you are

Gad Fhaireachdainn

Bidh mi gad fhaireachdainn
A-muigh bhuam ann an shin
Sa ghàrradh am bad air choreigin
A-nis agus an Cèitean againn
Ged nach bithinn gad fhaicinn,
'S leamh, ach air èiginn,
A chreamh a tha thu ann.

dangerplaycommotionrowing

that's it! we hearsmellfeel the bardtauntvowelwordvoice
of the halfbottlespectreoldcodboy deathcrying out ever so
feeblefaintly still at the door across the yearmeadows, across
the agesound, deathportentcalling us back after all the
dangerplaycommotionrowing for our night supperlot

Iomairt

Sin e! Sinn a' faireachdainn
Guth sin a' bhodaich
Ag èigheachd a-mach
Air cho fann
Fhathast rinn aig an doras
Thar nam blianagan
Thar na linne,
Gar glaodhach air ais
An dèidh na h-iomairt' a bh' ann
Airson cuid-na-h-oidhche.

livingageuniverseworldbodach

isn't it sillytough, an apparitionone might say, and the livingageuniverseworldbodach like he is this weatherday, over in his pewseat showwatching parkinson in the quietdumb of night.

and isn't it good that after for all that he can shakewave at us like he was trying to say: sorrybye! fullsafesorrybye!

Saoghalan

Nach eil e leamh,
Chanadh neach,
Agus an saoghalan
Mar a tha e san latha a th' ann,
Thall na shuidheachan
A' sealltainn air *Parkinson*
Am balbh na h-oidhche dhuinn.

Agus nach math
Gu bheil e comasach
An dèidh sin 's na dhà dhèidh
Air crathadh rinn
Mar gun robh e feuchainn
Ri ràdh: *Soraidh!*
Soraidh slàn!

lineseries

a lineseries of teardrops of dew hanging on the clothes line

eitherbothbetween the endgardendyke and the black house
of heroldwifiewitchself mackay

and facemouth down, on its own on the grass, a two
turfwallknollruinthwart suitboatobject

like onesome palacestallgarden in which no manperson will
deathseekwalksail god knows inwombside her eitheranymore

Sreath

Sreath dheur den dealt
An crochadh ris an t-sreang-anairt

Eadar an gàrradh-crìche 's an taigh-dubh
Aig cailleach NicAoidh

'S, air a beul fodha, leatha
Fhèin air an fheur, culaidh dà thobhta

Na h-aon lios, nach siubhail duine,
Tha fios, na broinn a-chaoidh tuilleadh.

memo

i whistled to myself in the seedshower eitherbothbetween
cold and hot this morning and it roseuphappened then that
the one who'd been there just yesterday straightaway legged it.

she didn't destinyleave me entirely vainpoorscarceempty
after all that: she left as a momento an
attractstonetesticlemagnet followstuck to the door of the
fridgefreezer

Mar Chuimhneachan

Rinn mi feadalaich leam san fhras
Eadar fhuar is teth sa mhadainn
Agus dh'èirich an uair sin
Gun tug an tè a bh' ann
An-dè dìreach na casan às.

Cha do dh'fhàg i uile-gu-lèir
Falamh gann mi an dèidh sin:
'S ann a dh'fhàg i mar chuimhneachan
Clach-thàirnge 's i air a leantainn
Ri doras an reothadair.

the first penisthing

on her legfeet since morning, a Macmillans nurse
nakedappeared to preservelook at heroldwifiewitchself
indoorsathome. she buryspent the whole of the
vespersafternoon without saying hardly anynothing.

and now with the greydusk on the barehorizon, off she
goes with her down the slope, deathgoing past every
northcountrypeoplefarm getting smaller and smaller all the
tideweathertime

A' Chiad Rud

Air a cois bho mhadainn,
'S ann a nochd neach-altraim
Bho chuideachd Mhic a' Mhaoilein
A choimhead air a' chaillich a-staigh.
Chuir i seachad fad an fheasgair
Gun dad a ràdh cha mhòr.

Agus a-nis is an ciaradh air lom,
Siud i fhèin a' togail rithe
Sìos a' bhruthach,
A' falbh seachad
Air gach tuath 's i dol an lughad
Is an lughad fad na tìde.

duskdawn

on the fingalianfeetparallelroads of Glen Roy, Lochaber, dawnearly in the duskdaw,

the deer headupappear on the woofcreamsurfacetop like sheafspokesunbeamlegs,

hackscattering juststraightup like that behind the antlercabertop of the moormountain

Sgarthanach

Air Casan na Fèinne Ghleann Ruaidh,
Loch Abair, gu moch ris an sgarthanaich,

Na fèidh ri togail ceann
Air an uachdar nan aon chasan-grèine,

Ri sgapadh dìreach mar sin
Far cùl cabar na beinne.

lignes fausses

a l'etranger undergroundcountry at night and the changehousepub closed,

i asked a man over there who'd been aroundover: *cette place est libre?* and sat

and let my restbreath with my *Camus and le monde for passe-temps* in my breastbrowlap and the leisurelifetimeseason passed

and i twigged i was *perdu* and out with it est-ce qu'on peut changer?

Lignes Fausses

À l'étranger,
Fon talamh san oidhche
'S an taigh-seinnse dùinte,

Chuir mi ceist air fear a bha thall:
Cette place est libre?
Agus rinn mi suidhe

'S leig mi m' anail 's mo Chamus
'S *Le Monde* nam *passe-temps* rim uchd
Agus chaidh 'n ùine seachad,

Is thug mi fa-near gun robh mi air chall
Agus a-mach leam leis:
Est-ce qu'on peut changer?

humcrying

back at househome, i got up with a saltsoursore endhead,
latelonging. i headed down, then i opened the greydoorlock
and the only voiceechosound the fridgefrezer humcrying.

i put on the moonphaseknowledgelight. i put on the
blamecorriekettle and took out chickenjuicesoup herself
made, winfindpreservetended for lifeleasureseasontimeages
with a particular date on the slopeside

BURSTBROKEN JUDGEMENTSHROUDLOOMDEEDS

Gaoirsinn

Air ais aig an taigh,
'S ann a dh'èirich mi le ceann goirt, fadalach.
Bhuail mi leam sìos an uair sin,
Dh'fhosgail mi glas an dorais
Is gun de dh'fhuaim ann ach an reothadair a' gaoirsinn.

Chuir mi air an solas.
Chuir is an coire 's thug mi a-mach
Sùgh-circ' a rinn i fhèin,
Glèidhte fad ùineachan
Le ceann-latha sònraicht' air a' chliathaich.

weakhollow

at earlyprayermealtimeonce, at a fatepoem, how can i keep
going on with it and that weakhollow eitherbothbetween the
two breasts on that table over by there exposed?

Lag

Aig tràth, ri dàn, ciamar a chumas mi dol air adhart leis a-nis
Agus an lag eadar an dà chìch air a' bhòrd thall ud ris?

fallowgroundvacantwhite

i was crouched at my tradeart all day in the dark, chasing words on the net on the brestbrowlaptop as if it was my poemfate and locknature always

and suddenlywithoutknowledge, there's Pangur Ban nakedappearing by the table and just like that fightjumping on my mouse

Bàn

Bha mi nam chromadh
Air a' cheàird agam fad an latha
San dorchadas, an tòir air na faclan
Air an Lìon
Air an annalair-uchd
Mar gun robh e nam dhàn 's nam dhual a-riamh.

Agus gun fhiosta,
Siud e Pangur Bàn e fhèin
A' nochdadh mun a' bhòrd
Agus, dìreach mar sin,
A' leum
Air an luchaig agam.

dumbquiet

the one who'd been there left a longpainful
lifeleisureseasontime ago
and still the riverwaverainwater in the seedshower lies
without dropflowing, dumbquiet and heavydeafstagnant with
all the wighair inwombside of it
she left after her, potatodiseasestinkrotting and
cowdungblocking the drainingcavehole

Balbh

Dh'fhalbh an tè a bh' ann
O chionn ùine nan cian

Is fhathast bidh 'n t-uisge
San fhras na laighe

Gun sruthadh, balbh, bodhar fhèin
Leis na th' ann de ghruaig na bhroinn

A dh'fhàg i na dèidh air a lobhadh
A' cur bacaidh mun toll-shìolaidh.

neglectforgetting

in the livingageuniverseworld we live in though it's no more than just about,
we don't care for kylenarrow with kylenarrow or broad with broad eitheranymore.
what we have is the last blows, at liberty and being neglectforgotten

Dearmad

Anns an t-saoghal
Sam beò sinn ged
Nach ann ach air èiginn,

'S coma leinn caol
A chur ri caol no leathann
Ri leathann tuilleadh.

'S e th' againn ach na buillean mu dheireadh,
Mu sgaoil is a' dol an dearmad.

troubledragging

buryputting with driftwind and troubledragging on the tiredminchoceanbay, me on deckboard, catching and letting go,

shooting and leavepulling, going from side to side, choking, ferryrestorationpuking

and you guidesteering with your eye ahead studying the depths and the dyecolours with your back to me

and the stormsea so great that you don't twiglift in the throughotherconfusion my deathcall in the sternend: broken linenet! broken linenet!

Draghadh

A' cur le gaoith 's a' draghadh
Air a' Chuan Sgìth, mi fhìn air a' chlàr,
A' glacadh is a' sgaoileadh,

A' tilgeil is a' tarraing,
A' dol mu seach,
Air mo thachdadh, ag aiseag.

Is tu fhèin ga stiùireadh
Le sùil agad air thoiseach
A' sgrùdadh na doimhneachd is nan dathan
Is do chùl rium fhèin

Is an fhairge cho mòr
Is nach tog thu leis an troimh-a-chèile
M' èigh san deireadh:
Lìon briste! Lìon briste!

a feeblefaint vespersafternoon in autumnfall

saytalk about a thunderrustlemurmuring a feeblefaint vespersafternoon in autumnfall! wonder if it's the one who was there returning on her wheelbike?

no. it's only the hissing of foliage by the journeyway and the stonechatpath, not settling and deathgoing all over the place

Feasgar Feann Foghair

Abair toirm
Feasgar feann Foghair!
An dùil an e th' agam
An tè a bh' ann
A' tilleadh rium air a rothar?

Chan e. 'S e th' ann ach siosarnach
An duillich mun t-slighe
'S mun chlacharan,
Gun a bhith a' socrachadh
Is a' falbh air feadh an àite.

li po on du fu

i noticed him in the bypassing in the hill as i
panegyricclimbed the gatewayglengapmountain as bluegrey
as a sheep or a badger and fallowgroundvacantwhite as a
corpse or the moon

i took pity on him because, well because he's pitiable and
he's been since doghangingages making verses and is still at it

Li Po air Du Fu

Mhothaich mi dha san dol seachd anns a' chnoc
Agus mi fhìn a' dìreadh a' bhealaich
Is e cho liath ri caora no broc
Is cho bàn ri corp no ris a' ghealaich.

Ghabh mi an truas ris airson,
Seadh, airson 's e truaghan a th' ann
Agus e, bho chionn linn crochadh-nan-con
Agus fhathast, ri dèanamh rann.

Amasra, 2007

a halfbottlespectreoldcodboy and a donkey are leavepulling
me househome after going on the raki

i quarreltalk and singplay in Gaelic all the deathjourney. look
at me: amn't i the very mocklaughingstocksuitboat!

Amasra, 2007

Tha bodach is asal gam tharraing
Air ais dhachaigh gu slaodach
An dèidh dol air an *raki*.

Tha mi bruidhinn 's a' seinn ann an Gàidhlig
Fad an t-siubhail. Seall orm, nach mi
An aon chulaidh-mhagaidh!

clothefold

though you can't see it from the sideplace where we are
looped in amongst the men in a seriesline supportbeside the
western hillpalacewall, you can seehearfeel Al-aqsa mosque
and all cleanfine in the other sideplace.

hothot in the heat at waistmidday under a kippah and so
many clothefolds the halfbottlespectreoldcodboys have! at
househome they have a wordsaying: what keeps the heat in
keeps the heat out

Filleadh

Ged nach fhaic thu e bhon taobh
Sa bheil sinn fhìn
A-staigh 'n lùib nam fear,
An sreath taic ris a' Mhùr an Iar,
Fairichidh tu mosque Al-Aqsa 's uile
Glan thall san taobh eile.

Teth teth san teas aig meadhan-latha
Fo *kippah* 's a liuthad sin
Filleadh aodaich aig na bodaich!
Aig an taigh, 's ann a tha facal aca:
An rud a chumas an teas a-steach,
Cumaidh e 'n teas a-mach.

ticktock

waking in the dead of night on my own down below, no voiceechosound destinyleft but the ticktock of the hourclock without abodestopend.

what it is, on the deathchangecontrary, is the droptears rainpouring down from the fooltap on a hand curtainaprontowel lying there – at my stage they're one and the same thing more or less

Diog Diog

A' dùsgadh ri marbh na h-oidhche
Leam fhèin gu h-ìseal
'S gun de dh'fhuaim air fhàgail
Ach an diog diog on uaireadair
Gun stad is gun sgur.

Is e th' ann, air a chaochladh, ach na deòir
A' dòrtadh a-nuas on ghogan
Air brat-làimhe na laighe –
Aig an ìre sa bheil mi fhèin,
'S e 'n aon rud a th' ann, an ìre mhòir.

earlyprayermealtimeonce

up earlyprayermealtimeonce and not a soul moving,
preservelooking
out on the agesound where Olympia and bigmainland will
rise up before long,
the sunshades still wound like brightwhite hagnuns,
praying, carewaking, aye, seewaiting for the
weatherseasonlifehourtime

Tràth

An-àirde tràth
'S gun anam a' gluasad
Is mi a' coimhead

A-mach air an linne
Mun èirich Olympia 's tìr-mòr
An ùine gun a bhith fada,

Na sgàilean-grèine
'S iad fhathast nan suaineadh
Nan cailleachan-geala,

Ri ùrnaigh,
Ri faire, seadh,
Ri feitheamh ris an uair.

christmasnewyearcollection
batchelorgillieploughmanservantlads

newyearsday is my agebirthday and the same old question:
what's in poemstore for me?

samedesire as last year i guess – a littlething of anno domini
and the talklanguage i use and uses me deathgoing before
my eyes

Gille Challainn

'S ionann Latha na Bliadhn Ùire dhomh
'S Latha na h-Aoise, latha mo bhreith,
'S bidh 'n aon cheist a' togail ceann:
Dè tha nam dhàn?

Càil seach an-uiridh, tha mi 'n dùil –
Rud beag de dh'*Anno Domini*
'S a' chainnt a chleachdas mi
A' falbh am fianais mo shùl.

two eyehopes

those two eyehopes mouthbefore me showlooking at me from the bed without softmoving, how can they still be so greyblue?

Dà Shùil

An dà shùil ud air mo bheulaibh
'S iad a' sealltainn orm
Bhon an leabaidh
Gun bhogadh,
Ciamar as urrainn dhaibh a bhith
Fhathast cho gorm gorm?

lambkid

the first turnthing this morning, instead of
singburnholdtaking her allotmentportion, the youngwee
powerchiefone throwvomits her Sun-Maid Raisins away –

you might singsay that a flock of lambkids had been
running buxomwild and left their traceplace on the
earthcentreground all over the place

Ògan

A' chiad char anns a' mhadainn an-diugh,
Seach a bhith a' gabhail air a cuibhreann,
'S ann a bhios an urra bheag
A' tilgeil a cuid *Sun-Maid* Raisins air falbh –

'S e chanadh tu gun robh sealbhan ògan
Air a bhith nan ruith ri mire
'S air an làrach is an lorg
Fhàgail mun làr air feadh an àite.

deceitburyinggroundmeadow

the halfbottlespectreoldcodboy abodestopped and
then put out the moonlight. he knocked the door in to
the deceitburyinggroundmeadow and there wasn't a
bardtauntvowelvoiceword or a storysign of anymanperson.

he put the moonphaseknowledgelights on inwombside of the
homehouse and let go of the spawnhandlekeys. he deathcried
out at the top of his skullvoice: i'm deathhousehome!

Cluain

Stad am bodach is an uair sin
Rinn e na solais a mhùchadh.
Bhuail e 'n doras
A-steach don chluain
Is cha robh guth no sgeul air duine.

Chuir e air na solais
Am broinn an taighe
'S leig e às na h-iuchraichean.
Dh'èigh e mach àrd a chlaiginn:
Tha mi dhachaigh!

bypass

suddenlywithoutknowing i found myself lullabyattracted by
talkspeak of which i liftunderstood only the second half in
the bypassing –

Alastair Duncan and Donald Anna asking the onesame
question of eachother:

so then, will you be reseeding this year?

Dol Seachad

Gun fhiosta dhomh,
'S ann a fhuair mi mi fhìn gam thàladh
Le cainnt dhe nach tog mi 'n dara cuid
Anns an dol-seachad –

Alasdair Dhonnchaidh 's Dòmhnall Anna
'S iad a' cur na h-aon cheiste
Ri càch-a-chèile:

Seadh, am bi sibh a' reseedadh am-bliadhna?

remittancededicationpresent

here's a little kindredlove as a remittancededicationpresent.
if you're not happy with it,
if it doesn't comefit or comesuit your desire or doesn't
answersuit entirely
in any way, no worries:
i can bring it back and flitchange it

Tabhartas

Seo dhut beagan gaoil
Mar thabhartas.

Mas e 's
Nach eil thu riaraicht' às,

Mura bheil e teachd no tighinn ri do chàil
No mura bheil e freagairt buileach,

Ann an dòigh sam bith,
Na gabh dragh dheth:

Faodaidh mi a thoirt air ais
Agus atharrachadh.

courtesycrouchingcouch

surelyyouknow you don't have to deathgo and the night still
so young?
showlook – here's a little more kindredlove i tracefound
when you were out attending to your business at the back of
the courtesycrouchingcouch

Langasaid

Tha fios nach leig thu leas falbh
Agus an oidhche cho òg sin fhathast?

Seall – seo dhut
Beagan gaoil a bharrachd

Air an d'fhuair mi lorg is tu ri do ghnothach
Air cùl na langasaid.

attackcoming to me

there i am up at househome in bed still awake on a sunday
night
you're down there chatting and ducklaughing all the time
and i can't thinkmake out what you're saying
it's only now it attackcomes to me why not
it's because you're dead

Tighinn dham Ionnsaigh

Siud mi fhìn gu h-àrd a-staigh na mo leabaidh,
Fhathast na mo dhùsgadh
Oidhche Didòmhnaich.

Tha sibh fhèin gu h-ìseal, meabadaich
Is lachanaich a' dol gun euradh
Is cha tèid agam air dèanamh a-mach
Gu dè tha sibh 'g ràdh.

'S ann an-dràsta fhèin a tha e tighinn dham ionnsaigh
Carson nach rachadh.

Tha, seach gu bheil sibh marbh.

herdflock

showlook! over on the slope up on Beinn Dorain at the start
of April,
the last halffragments of snow melting and deathgoing
like the first herdflock of the younglambs this year

Treud

Seall! Thall mun leathad
Shuas air Beinn Dòbhrain
Aig toiseach a' Ghiblein,

Na bloighean mu dheireadh
Den t-sneachda
Ri leaghadh is ri falbh

Nan ciad treud
De na h-ògain am-bliadhna.

cockcrowsummons

you were cockcrowsummonsed to the homehouse at
hereandtherelonglast today, election day
and nobody feltheard a divorceparting word, just a word of
yellowthanks
and your followers in heaven gave you a seat and rejoiced
and lamented bothtogether

Gairm

Chaidh ur gairm chun an taighe
Mu dheireadh thall 's a-bhos
Latha 'n Taghaidh 'n-diugh

'S cha do dh'fhairich duine
Facal-dealachaidh,
Dìreach facal-buidheachais

Is an luchd-leanmhainn agaibh san fhlaitheas,
Thug iad àite-suidhe dhuibh
'S rinn iad gàirdeachas is aithreachas le chèile.

dreamnightmareaislingwomanvisionpoem

o scotlandalpinewhite farawaywanting from us
on the horizonridge in the offing i canwill see
youall globepreciselyassembled againstill from the
turfwallthwartknollruin where my racefamilyhouse
was battlesitevictorylocationpresent in the
epochseasonweathertime that has walkevacuated
– wastegrowth and unthinkableinnumerable
livingbrutecreatures, the long cuttingridgeprecipice
long in warmgreenfieldconsequencebloom and my
poordearsadsick heart nearmelting, in a safealienfierce
livingageuniverseworld terribly uglydeformeddismalblack
and fallowgroundvacantwhite bothtogether,
dumbatpeacequiet and heavydeafstagnantsilent
so many limpsteppathdegrees below, a
tireeatlanrisunderthewavesland in the fallingsurface of the
tiredoceanminchbay

Aisling

Alba bhuam air fàire,
'S ann a bhios mi gur faicinn
Gu cruinn fhathast bhon tobhta
Far an robh 'n teaghlach agam san làthair
Anns an aimsir a dh'fhalbh –
Fàs is beathaichean gun àireamh,
Am bearradh fada fo bhlàth
'S mo chridhe bochd fhèin ri leaghadh,
An saoghal coimheach
Duaichnidh 's bàn le chèile,
Balbh is bodhar
A leithid a cheumannan fodha
Na Thìr-fo-Thuinn
An aomadh a' Chuain Sgìth.

About the Author

Born in Dublin, Ireland, Rody Gorman is Writer-in-Residence at Sabhal Mòr Ostaig, Isle of Skye. He has published a wide range of poetry collections and his selected poems in Irish and Scottish Gaelic, *Chernilo*, were published by Coiscéim in 2006.

He has worked as writing fellow at the University College Cork and the University of Manitoba and is editor of the annual Irish and Scottish Gaelic poetry anthology An Guth. Among his Gaelic translations are works by Cavafy, Yeats, Neruda, Milosz, Rósewicz, Popa, Holub, Aspenstrom, Snyder, Issa, Basho and Buson. His English translations include poems by Donald MacAulay, Sorley MacLean and Iain Crichton Smith. Working between Irish and Scottish Gaelic, he has translated poetry by Mairtín Ó Direáin, Sorley MacLean, Seán Ó Ríordáin, Derick Thomson, Seán Ó Tuama, Iain Crichton Smith, Donald MacAulay, Myles Campbell, Aonghas MacNeacail, Gabriel Rosenstock, Michael Davitt, Liam Ó Muirthile, Nuala Ní Dhomhnaill, Meg Bateman and others. His own work has been translated into Arabic, Dutch, Estonian, Galician, German, Hebrew, Lithuanian, Macedonian, Portugese, Romanian, Slovene and Swedish.

By the same author:
Fax and Other Poems (Polygon, 1996)
Cùis-Ghaoil (diehard, 1999)
Bealach Garbh (Coiscéim, 1999)
Air a' Charbad fo Thalamh/On the Underground (Polygon, 2000)
Naomhóga na Laoi (Coiscéim, 2003);
Tóithín ag Tláithínteacht (Lapwing, 2004)
An Duilleog agus an Crotal (Coiscéim, 2004)
Flora from Lusitania (Lapwing, 2005)
Zonda? Khamsin? Sharaav? Camanchaca? (Leabhraichean Beaga, 2006)
Chernilo (Coiscéim, 2006)
Eadar Fiaradh is Balbh na h-Oidhche (diehard, 2007)
Céilí san Oíche (Coiscéim, 2010)
Ceangailte (Coiscéin, 2011)

Mun Ùghdar

Rugadh Rody Gorman aann am Baile Àtha Cliath is tha e ag obair an-dràsta mar Bhàrd air Mhuinntearas aig Sabhal Mòr Ostaig san Eilean Sgitheanach. Tha e air grunn chruinneachaidhean bàrdachd fhoillseachadh is chaidh na dàin thaghte aige ann an Gaeilge is ann an Gàidhlig, *Chernilo*, fhoillseachadh le Coiscéim ann an 2006.

Tha e air a bhith ag obair mar sgrìobhadair aig Coláiste na hOllscoile Corcaigh agus Oilthigh Mhanitoba is tha e na dheasaiche den leabhar bhàrdachd bhliadhnail An Guth. Tha e air saothair Cavafy, Yeats, Neruda, Milosz, Rósewicz, Popa, Holub, Aspenstrom, Snyder, Issa, Basho agus Buson a chur sa Ghàidhlig. Chuir e tionndadh Beurla air dàin Dhòmhnaill MhicAmhlaigh, Shomhairle MhicGillEain agus Iain Mhic a' Ghobhainn. Ag obair eadar Gaeilge is Gàidhlig, tha e air bàrdachd eadar-theangachadh aig na bàird ainmeil Mairtín Ó Direáin, Somhaire MacGill Eain, Seán Ó Ríordáin, Ruairidh MacThòmais, Seán Ó Tuama, Iain Mac a' Ghobhainn, Dòmhnall MacAmhlaigh, Maoilios Caimbeul, Aonghas MacNeacail, Gabriel Rosenstock, Michael Davitt, Liam Ó Muirthile, Nuala Ní Dhomhnaill, Meg Bateman is eile. Chaidh na dàin aige fhèin a chur ann an Araibis, Duidsis, Eastòinianis, Galicianais, Gearmailtis, Eabhrais, Liotuàinis, Macadoinis, Portagailis, Rùmainis, Slobhainis agus Suainis.

Leis an aon ùghdar:
Fax and Other Poems (Polygon, 1996)
Cùis-Ghaoil (diehard, 1999)
Bealach Garbh (Coiscéim, 1999)
Air a' Charbad fo Thalamh/On the Underground (Polygon, 2000)
Naomhóga na Laoi (Coiscéim, 2003)
Tóithín ag Tláithínteacht (Lapwing, 2004)
An Duilleog agus an Crotal (Coiscéim, 2004)
Flora from Lusitania (Lapwing, 2005)
Zonda? Khamsin? Sharaav? Camanchaca? (Leabhraichean Beaga, 2006)
Chernilo (Coiscéim, 2006)
Eadar Fiaradh is Balbh na h-Oidhche (diehard, 2007)
Céilí san Oíche (Coiscéim, 2010)
Ceangailte (Coiscéin, 2011)

Praise for Rody Gorman's poetry

Ian Duhig

Rody Gorman is a fascinating and unique poet who I have long admired, among other things, for the manner in which he uses the Gaelic languages of these islands as a two-way glass on world culture. In his new collection Beartan Briste, for example, Sophocles and Aristophanes, Li Po and Du Fu rub shoulders with Michael Donaghy, to everyone's benefit. He has worked with bands such as Strike the Colours and translated Dylan, harmonising these experiences with newer musics from Modernism to concrete poetry. Beartan Briste is an event in English as well as Gaelic, with his own dramatic translations, reminiscent of Joyce and cummings, markedly original and innovative poems in their own right. Read this book for a truly international literary experience, enriching the poetry of these islands and beyond in wholly unexpected ways.

Aonghas MacNeacail

It will come as no surprise to the reader familiar with this poet's ouevre, that Rody Gorman offers yet another new direction. If a 'usual' is anticipated in his presence, it's that the usual should not be expected. On this occasion, he challenges the reader who depends on translation, direct and simple, to gain the sense of a poem. For the reader who understands Gaelic, there's good fun to be drawn from the poet's ploy. But there's more than fun, for what he does is to present literally every English definition given, for every word, in Edward Dwelly's masterly Dictionary of the Gaelic language.

Moladh do bhàrdachd Rody Gorman

Meg Bateman

Smaoinich Andre Lefevere air seachd modhan eadar-
theangachaidh an 1975. Leis an leabhar seo, cuiridh Rody
filleadh ùr sa chunntas. Ged a tha eadar-theangachaidhean
Beurla ann fo na dàin shnasail Ghàidhlig, tha mi an dùil
gur ann do luchd na Gàidhlig a tha iad sin cuideachd. Tha
na h-eadar-theangachaidhean a' fosgladh a-mach raoin
gach facail anns a' chànain (agus ann am mac-meanmna a'
bhàird), agus iad a' dearbhadh cho staoin 's a tha an dùil gum
biodh na raointean seo co-ionann ann an cànain eile. Mar
sin, tha an leabhar a' dèanamh gàirdeachas ris a' mhogal air
leth trom faic luchd na Gàidhlig an saoghal.

Maoilios Caimbeul

Seo leabhar cho annasach 's a tha mi air a leughadh o chionn
fhada. Cumaidh e cagnadh ris na bodaich is na cailleachan
fad iomadh bliadhna. 'S iad na tionndaidhean Beurla gu
h-àraidh a tha ga dhèanamh eadar-dhealaichte bho leabhar
da-chànanach sam bith a tha air a bhith againn ann an
saoghal na Gàidhlig gu ruige seo. Togaidh e deasbad no
dhà, tha mi cinnteach. Sna tùs-dhàin Ghàidhlig tha liut aig
Rody air geàrr-chainnt agus geur-chainnt a chur còmhla a
bheir oirnn smaoineachadh. Sùgrach, dìomhair, eirmseach,
domhainn, aotrom, samhlachail – dh'fhaodamaid gin sam
bith dhiubh sin, no iad uile, a chleachdadh mun bhàrdachd
aige.

Pàdraig MacAoidh

Cha ghabh an leabhar seo a leughadh mar leabhar sam bith
eile. Air an dara làimh tha dàin sa Ghàidhlig le lèirsinn agus
dìomhaireachd: dàin mu chall agus caochladh, dàin mu ghaol
agus rùn, dàin sa bheil mac-talla agus iomradh air criomagan
cultair, air fionn-sgeulachdan farsaing agus bunaiteach. Agus
air an làimh eile chan eil eadar-theangachadh sa Bheurla
cho luath ri spreadhadh-cànain, ciallan gan gintinn fhèin,

The English versions of these poems cannot strictly be called translations. What they are is a fascinating exploration of the potential meanings of each word. For example, a word like 'bodachan', which I might read as 'little old man' is represented as 'halfbottlespectreoldcodboy' and 'saothair', commonly 'labour' or 'toil' becomes 'diseasedmanpunishertidalislandbirthpainsouevre'. Where the dictionary offers one sense only, one alone is found on the page: this isn't a scholarly treatise, but poetry. But in his own distinctive way, Rody Gorman obliges us all to look afresh at every word - in Gaelic and in the English forms that appear.

What we shouldn't forget is that the poems in this collection are located, and rooted, in the world and times in which we live. They remind us the Gaelic is alive, vibrant, rich and able to engage with every subject, global or intimate, that draws the poet's attention, with the fullest expectation that they won't seem in any way alien to the reader, though they are, undoubtedly, to be viewed from a fresh perspective.

As always, many topics catch the poet's eye, revealing grief and laughter, shenanigans and poignancy, from children's pastimes to grandparents and parents eugcaochladhsiubhalbàsachadh (dying, via euphemistically changing/travelling), in an environment where time is restless, constantly changing. In an 'estancia', a third language is woven into the journey. Between Edinburgh's Bridges, beggars and busking pipers competing for coins, but also between lament and 'nameless tune', the pressures of the world are in conflict. From Lignes Fausses, we can observe that this poet is not at all perdu but comfortable in himself, as one for whom the other is a companion.

Where this poet astonishes is in his capacity to see extraordinary in the everyday, and everyday in the extraordinary, from Pangur Ban to Li Po, from the Al-aqsa

creutairean a chaidh a chruthachadh ann an cainnt-lann
Dwelly. A' Bheurla a' ceasnachadh agus a' toirt an stèidh air
falbh on Ghàidhlig; a' Ghàidhlig a' feuchainn ri bìdeagan a
thogail an aghaidh an sgrios; agus an leughadair a' snàmh
agus ga bhàthadh sa mheadhan. Gabhaidh an leabhar seo a
leughadh trup 's a-rithist 's a-rithist 's a-rithist.

Aonghas MacNeacail
Cha bhi e na chùis-iongnaidh don leughadair a tha eòlach
air saothair a' bhàird seo gu bheil Rody Gorman air tac ùr
eile a ghabhail. Ma tha "àbhaist" an dùil na chomhair, 's e
nach bu chòir dùil a bhi ann ris an àbhaist. An turas seo,
tha e togail dùbhlain dhan leughadair a tha an urra ri eadar-
theangachadh, dìreach agus sìmplidh, airson brìgh dàin a
thrusadh. Dhan leughadair aig a bheil Gàidhlig, tha deagh
spòrs ri fhaotainn as a' chleas a tha am bàrd a leantainn.
Ach, tha barrachd air spòrs ann, oir 's e tha e dèanamh ach
a' gabhail gu tur litreachail gach riochdachadh Beurla a
gheibhear, do gach facal, ann am faclair Dwelly.

Mar sin, tha facal mar "bodachan" air a thionndadh
gu "halfbottlespectreoldcodboy" agus "saothair" gu
"diseasedmanpunishertidalislandbirthpainsouevre." Far
nach eil am faclair a' tabhann ach aon chiall do dh'fhacal,
chan fhaighear ach aon chiall air an duilleig: chan e obair
sgoilearachd a tha seo, ge-tà, ach bàrdachd. Agus na dhòigh
àraidh fhèin, tha Rody Gorman a' toirt oirnn coimhead às ùr
air gach facal – ann an Gàidhlig agus anns na riochdan Beurla
tha nochdadh.

'S e nach bu chòir dhuinn dìochuimhneachadh, gu bheil
na dàin anns a chruinneachadh seo stèidhichte, agus
freumhaichte, san t-saoghal agus anns an latha sa bheil
sinn beò. Tha iad a' cur nar cuimhne gu bheil a' Ghàidhlig
beò, fallainn, saidhbhir, agus deiseil airson a dhol sàs anns
gach cuspair, mòr is meanbh, a tha togail aire a' bhàird,
leis a h-uile dùil nach bi iad, ann an dòigh mhòr sam bith
coimheach dhan mhòr-chuid dhen luchd-leughaidh, ged a tha
iad, gun teagamh sam bith, air am faicinn tro lèirsinn ùr.

Mosque to Ben Dorain. And he has an uncommon grasp of the primary language, Gaelic, besides the linguistic snatches he brings in from the rest of the world. For the adventurous reader prepared to share its variegated journey, this collection promises a fascinating passage.

Cilla McQueen
Gorman's fine poetry of wit and soul reveals the beauty of his Gaelic language, drawn like a breath of Hebridean air through fluent and inventive English translations.

Tha, mar is àbhaist, iomadh cuspair a' togail aire a' bhàird, a' fuasgladh bròin agus gàire, fealla-dhà is tiamhaidheachd, bho chur-seachadan chloinn gu seanairean is pàrantan ag eugcaochladhsiubhalbàsachadh, ann an àrainn far a bheil tìm air luasgan agus daonnan a' mùthadh. Ann an "estancia" tha treas cànan fillte staigh dhan t-slighe. Eadar drochaidean Dhùn Èideann, deirceach is pìobaire-sràide a' farpais airson bhuinn, ach cuideachd eadar cumha agus "port gun ainm," tha buaidhean an t-saoghail an còmhstri. Nochdaidh Lignes Fausses dhuinn nach eil am bàrd seo idir perdu ach cinnteach às fhèin agus a shuidheachadh, mar fhear dha bheil an eile na eòlach

Miorbhaill a' bhàird seo, gu faic e àraid anns an àbhaist, agus àbhaist anns an àraid. Bho Phangur Bàn gu Li Po, bhon Al-aqsa Mosque gu Beinn Dòbhrain. Agus tha smachd shònraichte aige air a' phrìomh chànan, Gàidhlig, gun iomradh air na blasadan a tha e tarraing a-staigh bhon chòrr dhen t-saoghal. Tha slighe air leth inntinneach roimh an leughadair a ghabhas ris an taisteal iomadach a tha an cruinneachadh seo a' cur an cèill.

Lightning Source UK Ltd.
Milton Keynes UK
173840UK00002B/1/P